気品が身につき
人生が楽しくなる

教養としてのバレエ

タレント・作家・
バレエ鑑賞のプロ
白河理子

すばる舎

プロローグ

「バレエ鑑賞が大好きです」

そう言うと、みなさんから「バレエを習っていたの？」と聞かれます。

たしかに、私はバレエを幼い頃からずっと習っていました。

同じ教室で一緒にレッスンを受けていた2つ年下の男の子は、１９９９年にローザンヌ国際バレエコンクール[*1]でエスポワール賞を受賞したのち、英国ロイヤル・バレエに入団しました。５つ年上のいとこは、１９８５年のソ連時代に、サンクトペテルブルクにあるワガノワバレエアカデミー[*2]に留学しました。

当時の私は、それなりの環境に身をおいて、バレエに夢中でした。

でも、「だからバレエ鑑賞が好きなんだね」と言われると、そうではないのです。

むしろ、大好きなバレエをやめてしばらくは、バレエへの未練と後悔から、鑑賞することが苦痛になっていました。

今、私がバレエを楽しく観ることができるのは、バレエを習っていたからではありません。バレエをテクニックの面から観ることよりも、バレエにまつわる文化的な趣味と結びつけて観るようになったからです。**自分の好きな趣味をバレエに見出した**のです。

そうするうちに、幼い頃、絵本でお姫様のいる世界を楽しんだように、バレエの世界を楽しめるようになっていきました。

たとえば、バレエには宝石や真珠が踊るシーンがあります。宝石や真珠の役をバレエダンサーが踊るのです。

私はもともと宝石や真珠やジュエリーが大好きで、宝石にまつわる歴史や種類やジュエラー、ジュエリーを愛好したお姫様たちのことまで詳しく知っていました。ですから、物語の舞台となる国や時代、そこに住む当時の人々が宝石に対してどれだけ美しく価値

＊1　ローザンヌ国際バレエコンクール
毎年スイスのローザンヌで開催される15歳から18歳までの若手バレエダンサーを対象としたコンクール。世界で活躍するプロのバレエダンサーへの登竜門といわれている。

＊2　ワガノワバレエアカデミー
ロシアのサンクトペテルブルクにある世界最高峰の伝統ある名門バレエ学校。

があると憧れを抱いていて、宮殿で開かれるお祝いの場で宝石が踊ってもてなすことはどれだけ豪華な演出となるのか、宝石の持ち主がどれだけ高い地位や強い権威や莫大な財力を持っているのか、ということまで想像することができました。

また、大学では西洋服飾史のゼミに所属していたこともあり、古い時代のファッションを反映させたドレスの衣裳からも、当時の芸術や思想、王侯貴族の趣味などを感じとることができました。

このようにして、バレエの見た目の華やかさを楽しむだけではなく、振付や衣裳や演出全体に含まれる意味を感じ、物語をより深く味わうことができたのです。

バレエには、宝石や真珠やドレスのほかにも、絵画や文学や陶磁器など、女性が好む文化的な趣味のエッセンスが散りばめられています。

幼い頃からお姫様が登場するキラキラした世界観の絵本に親しんでいて、それと似た世界観を持つバレエが大好きだった私にとって、たとえばジュエリーやファッション、絵画や陶磁器、文学などに興味を持ち、知識を深めていくことはとても楽しく、どんどん夢中になっていきました。

そして、不思議なことに、そういったバレエにまつわる趣味は、様々な点において相互に関わり合っていることが多いのです。「文化的な趣味だから」ということだけでは説明がつきません。

自分の好きなことや関心のあるもの〈趣味〉という窓から、外に広がる美しい世界〈バレエ〉という庭を眺めるようにしてみると、この上なく心がときめいて、癒される時間がもたらされ、バレエ鑑賞がどんどん楽しくなっていきました。

私と同じようにお姫様が登場する絵本を読んで育ち、西洋の貴族的な文化に潜在的な憧れと親しみを持っている人は女性読者のみなさんに多いのではないかと思います。
また、男性読者のみなさんの中には、貴族趣味に繋がる高級時計や高級車、ワインなどに関心のある人が多いのではないでしょうか。

もちろん、貴族趣味の世界観にあまり興味が湧かない人もいるでしょう。
でも、自分の好きなことや関心のあるものにバレエとの共通点や繋がりがないか探ってみると、何かきっかけが見つかり、バレエの世界に触れやすいのではないでしょうか。

私はこの本の中に、多くの人がバレエに興味を持てるきっかけとなる文化的な趣味のエッセンスをたくさん散りばめました。たとえば、ついさらっと流して観てしまうバレエダンサーの衣裳や小道具、意外な繋がりを持つ絵画や歴史など。

どんなに小さなことでも、すべてがきっかけになります。そこには、あなたがまだ知らない、美しくて楽しいバレエの世界への入り口が隠されているかもしれません。

バレエは、大人が品性や教養を磨くのにぴったり。**バレエの中には、男女ともに教養として身につけておきたい文化的な趣味のエッセンスが詰まっています。**

私はこの本を通して、1人でも多くの人に、バレエの魅力をご紹介したいと思っています。そして、様々な側面からバレエに親しんでもらえたら、とても嬉しく思います。

読者のみなさんが、バレエを楽しみながら品性と教養を磨き、より一層美しく生き生きと輝きますように。

この本を、バレエに触れて気品と教養を身につけたいと願うすべての人に捧げます。

白河理子

本書の読み方

1章では、バレエ初心者に向けて、バレエとは何か、バレエはどのように発展してきたのかなどの概要と、バレエの楽しみ方をざっくりと大まかにご紹介します。

2章、4章、6章では、おすすめのバレエ作品を解説しています。バレエのテクニックや見せ場についての解説は最低限に留め、代わりに、作品に関連する文化的な背景や時代、ファッションや絵画などの視点から、見どころを紹介しています。

というのも、プロローグで触れたように、私自身がバレエを、バレエに関連する文化的な趣味と結びつけて鑑賞するように意識してみたら、より一層楽しめるようになったからです。

3章では、聞き慣れないバレエ用語、バレエ界でよく出てくる言葉を中心に解説しています。

5章では、絵画や文学、衣裳、サロンといったジャンルごとに、バレエとの意外な接点をお話ししています。

7章では、現役のバレエダンサーが実践している心と体を整えるためのヒントを紹介しています。

これまでバレエに関心がなかった人や、バレエに触れたことがなかった人にも、バレエの魅力に気づいてもらえたら嬉しく思います。

Contents

Part 2

おすすめのイチオシバレエ作品

Part 3

知れば知るほど観たくなる！ バレエ基礎知識

Part 4

次に観るならこのバレエ作品

Part 6

さらにおすすめしたいバレエ作品

Part 7
バレエから学ぶ「心と体」に効くヒント

※本書中、現在では差別的で不適切と思われる語彙・表記がありますが、作品が書かれた時代背景を考慮し、当時の表現のまま掲載しています。

Part 1

バレエには「教養のエッセンス」が詰まっている

バレエはタブロー(絵画)である

ジャン=ジョルジュ・ノヴェール
(フランスの舞踊理論家)

そもそもバレエとはどんなもの？

「女性のもの」という先入観があるけれど……

今までにバレエを観たことはありますか。

そもそもバレエとはどんなものなのか知っていますか。

バレエとは、踊りの1つ。**音楽に合わせて踊り、感情や意志を表現する舞台芸術です。歌詞や台詞などの「ことば」はありません。**


女性にとってバレエは「永遠の憧れ」であるといわれます。それは、多くの女性たちがお姫様の絵本を読んで育ってきているからではないでしょうか。

ふんわり広がるスカートに、フリルやリボンのついた綺麗なドレス。

大きく豪華なシャンデリアの下で繰り広げられる華やかな舞踏会……。

そんな世界観はバレエのイメージに通じます。

そのため、バレエと聞くと「女性のもの」という先入観があるかもしれません。

しかし、バレエは女性だけが楽しむものではありません。性差を問わず、教養として大人が身につけておきたい文化的趣味がバレエには詰まっています。

もともと男性がバレエを踊っていた

バレエは、男性も楽しむことができる芸術です。

なぜなら、もともとバレエは主に男性の王侯貴族が嗜むものでしたから。

ルネサンスのイタリアで誕生してからずっと、**バレエはヨーロッパの王侯貴族の子女が習う定番のお稽古事。**レッスンを通して貴族らしい上品なしぐさやふるまいを学んでいました。

たとえば、バレエにぴったりの美脚と才能の持ち主だったフランス王国のブルボン王朝の国王ルイ14世は、バレエの名手で、バレエを愛し育て、政治にも役立てました。

現代でも、ロシアのバレエ学校には「ヒストリカルダンス」というクラスがあって、ヨーロッパの舞踏会で踊られてきたバレエの元となっている動き、貴族の立ち居ふるまいや歩き方、お辞儀の仕方などの優雅な動きを教えています。

「バレエは敷居が高い」は偏見

このことを知って、「王侯貴族が習うお稽古事なんて、自分とは無縁」「バレエはエリートが好むもの」と思う人がいるかもしれません。

皮肉にも、バレエの持つ華やかな世界観と魅力のために、「バレエというと、高尚な趣味で敷居が高そう」といった固定観念がまとわりついているようです。

でも、**バレエは上流階級の人だけのものではありません。**

昔は王侯貴族が嗜み、鑑賞するものでしたが、現代では身分や経済力に関わらず、男性も女性も、大人も子どもも、すべての人が楽しめる芸術です。

知っておきたいバレエの定番

バレエ演目の定番

バレエといえば、「白鳥の湖」「くるみ割り人形」「眠れる森の美女」といった演目（バレエ作品のタイトル）が思い浮かぶ人も多いのではないでしょうか。

この3作品はすべてロシアを代表する偉大な作曲家チャイコフスキーが作曲し、〝**チャイコフスキー3大バレエ**〟とよばれ、現代でも世界中で絶大な人気を誇ります。

「白鳥の湖」（P122参照）は大人っぽいロマンティックな世界観、「くるみ割り人形」（P196参照）はクリスマスバレエの定番、「眠れる森の美女」（P64参照）は古典バレエの最高傑作と謳われています。

また「白鳥の湖」は、ロマンティックバレエの「ラ・シルフィード」（P191参照）と「ジゼル」（P72参照）とともに、〝**3大バレエ・ブラン**〟の1つでもあります。

バレエ・ブランとは、白いチュチュを纏《まと》ったバレリーナたちが舞台を埋め尽くし、神秘的な夢幻の世界を表現するシーンのことで、「白いバレエ」ともよばれます。

「ラ・シルフィード」は農家の青年が美しい妖精に翻弄され、「ジゼル」は農家の美しい少女が貴族の青年に弄《もてあそ》ばれる、どちらも美しい悲劇のバレエです。

2種類のチュチュ

チュチュとは、バレリーナが主に古典バレエで着る衣裳のスカートのこと。

ロマンティックバレエの時代に登場した白くて長いふんわりした「**ロマンティックチュチュ**」と、クラシックバレエの時代に登場したパキッとした円盤型の「**クラシックチュチュ**」の2種類があります。

「ロマンティックチュチュ」は女性のか弱さや妖精の表現のために生まれてエロティシズムのために進化し、「クラシックチュチュ」はバレエのテクニックのために登場しま

クラシックバレエ(左図)
パキッとした円盤型の短いスカートでダイナミックな動きやポーズをとります。
ロマンティックバレエ(右図)
ふんわりした長いスカートから覗く細い脚で感情を女性らしく表現します。
ロマンティックバレエの時代、女性は歯を見せずに微笑みます。

した。

ちなみに、ロマンティックバレエの時代から20世紀初めまでは、レッスン着として、コルセットとズボン状の下履きを組み合わせてチュチュを身につけていました。

バレエの最大の見せ場「グラン・パ・ド・ドゥ」

19世紀後半にクラシックバレエを完成させたといわれているフランス人のコレオグラファー[*1]であるマリウス・プティパは、演劇的な要素よりもテクニックを重要視し、優雅さはそのままに、均整のとれた美しい様式を基本として、よりダイナミックなバレエを目指しました。

そして、バレエの最大の見せ場となる「グラン・パ・ド・ドゥ」を編み出し、シンフォニーのように壮大で美しいバレエを完成させたのです。

＊1　コレオグラファー
和訳すると「振付家」だが、演出家など、ほかの役割も担うため、本書では一貫して「コレオグラファー」と記載。Ｐ96でも詳しく解説。

フィッシュダイブ
「グラン・パ・ド・ドゥ」を象徴するポーズ。バレリーナが魚のように反っています。
男性ダンサーがバレリーナを持ち上げる難易度の高いテクニックである「リフト」の1つ。

その構成は、まず余興としての「ディヴェルティスマン」という物語とは関係がないけれど賑やかさを添える短い踊りがいくつも続きます。そして、男女2人のバレエダンサーによる見せ場の踊り「パ・ド・ドゥ」と「コール・ド・バレエ（群舞）」があり、最後に、「グラン・パ・ド・ドゥ」によって締め括ります。

「グラン・パ・ド・ドゥ」は、**主役あるいは準主役の男女2人のバレエダンサーによって展開される踊り**。男女それぞれのヴァリエーション、男性らしさや女性らしさを表現する踊りなどで構成され、難易度の高いテクニックを華やかに披露します。最後には、32回転のグラン・フェッテ（片脚を軸に立ち、もう片方の脚を鞭打つように動かして回転するテクニック）があり、劇場は最高潮の熱気に包まれます。

舞台を独り占めして踊る「ヴァリエーション」

「ヴァリエーション」とは、**ソロで踊られるバレエの見せ場のこと**。主役あるいは準主役のバレエダンサーが1人で踊ります。

ガラ公演[*2]やコンクールでは、ヴァリエーションが抜粋して踊られます。大まかな振付と、披露するテクニックやポーズが決まっているので、ダンサーのジャンプや回転などのテクニックや、役柄の表現力が浮き彫りになります。

そこにはダンサーの体型が大きく影響します。背が高くて脚が長く細い人は、足捌きが苦手な傾向にありますが、優美な表現が上手であれば王子様役が合います。

一方、背が低い人は、高度な足捌きが得意な傾向にありますが、背が低い分ジャンプ力が求められ、道化役などが合います。

ビシッと揃った群舞「コール・ド・バレエ」

「コール・ド・バレエ」とは「群舞」のことで、これもバレエの見せ場です。

＊2　ガラ公演
様々なバレエから抜粋した「パ・ド・ドゥ」や「ヴァリエーション」など、見どころばかりをトップレベルのバレエダンサーたちが踊る公演のこと。ちなみに、1作品のすべての幕を踊る公演は「全幕バレエ」とよぶ。

主要な役に選ばれなかったバレエダンサーたちが踊ります。

美しいポーズとフォーメーションが揃っていて、ダンサーたちが1つにまとまり、まるで**万華鏡のように素晴らしく見えるなら、バレエ団のレベルが高い**といえます。

先に説明したバレエ・ブランも「コール・ド・バレエ」です。


こうした初歩的な知識を知るだけでも、バレエがいかに美しく厳しく奥深い世界かを想像できます。これまでバレエに触れてこなかった人も、「バレエを観てみたい」と少し興味が湧いてきませんか。

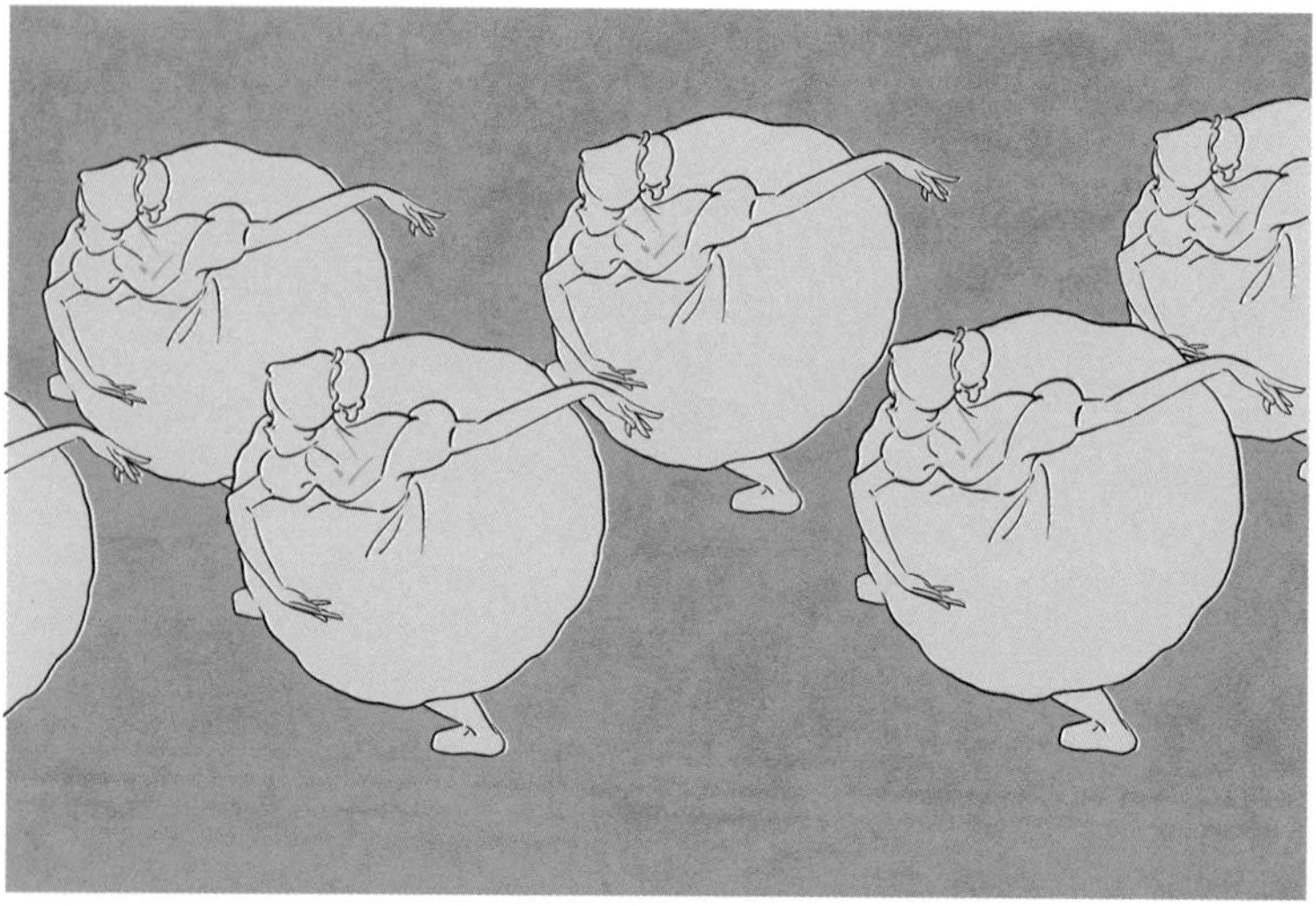

コール・ド・バレエ
一糸乱れず揃ったコール・ド・バレエは、上から見下ろしても美しいです。
クラシックチュチュがたくさん並べば、チュチュの模様や頭飾りも映えてより美しく見えます。

COLUMN

バレエを象徴するポワント

バレエのテクニックといえば、「ポワントを履いてつま先立ちして踊る」ことが真っ先に思い浮かぶでしょうか。「ポワント」とは、フランス語で「つま先」という意味で、バレエでは、つま先立ちのためのシューズのことをいい、「トゥシューズ」ともよばれます。

ポワントの形状は、床に垂直に立てるように先端が平たくなっていて、つま先を覆う部分は硬くなっています。生地はサテンで、リボンを足首に巻いて固定します。この淡いピンクのサテンリボンもまた、バレエのイメージとして広く定着していますね。

ポワントは、19世紀前半のロマンティックバレエの時代に、妖精や精霊などのふんわり浮くような軽さを表現するために誕生し、この時代に最も人気だったバレリーナのマリー・タリオーニによって広まったといわれています。

19世紀後半、ロシアのクラシックバレエの時代になると、バレエは「ピルエット」で回りやすくするために進化していきました。ピルエットとは、片脚を軸にして回転する基本的なテクニックのことです。この頃になると、ポワントを床に突き刺すようにして立つことができるようになり、ハイヒールを履いたように背を高く、脚を長く見せることもできました。

バレリーナたちは、ポワントが体の一部に感じられるくらいに踊れることを目指して、つま先の痛みに耐えながら血の滲むような努力に励みます。

そして、つま先には専用のパッドをクッションとしてつけます。

昔はパッドの質も悪く、種類も少なかったので、私が子どもの頃は母のストッキングをつま先にくるくると巻きつけていました。もっと昔には、生のお肉を入れていた人もいたそうです。

今も昔も、ポワントを履いて踊るのは基本的に女性だけです。男性がポワントを履かないのは、ポワントが登場した当時の価値観にはそぐわなかったからです。男性がポワントを履くことは美しくないとされ、男性の太い首も見たくないと言われるほどでした。

なぜ教養としてバレエがおすすめか

教養を深める趣味として最適

私はバレエから得られるメリットを、主に次の2つではないかと考えています。

①教養の幅が広がる
②優美さや気品が身につく

まず、「①教養の幅が広がる」についてですが、**バレエには、歴史、美術、音楽、文学などあらゆる文化的なものが密接に関係しています。**たとえば、バレエの中で妖精が手に持つ「百合の花」は、純粋さを象徴するキリスト教の世界観に繋がっています。また、「長い剣」や「マント」は貴族の身分を表しています。そして、舞台美術の「ゴンドラ」

や「時計」は、19世紀後半のヨーロッパにおける科学技術の発展と富の象徴です。

このようにバレエに散りばめられた文化的なものを拾い集めて追いかけてみると、様々な知識を得られて、バレエが生き生きと精彩に富んで見えるだけでなく、同時に教養の幅も広がり、深まります。

フランス貴族はバレエから優美さを身につけた

次に、「②優美さや気品が身につく」についてですが、ヨーロッパでは、バレエやオペラ、クラシック音楽、絵画などは、品の良い趣味や好みとされ、「エリート」（社会や集団の指導者にふさわしい優秀で教養のある人）が好むものと考えられています。

16世紀フランスで、「貴族的礼節」という概念が生まれました。貴族の優美な気品ある立ち居ふるまいや礼儀作法のことです。

フランス貴族の子弟はそれを身につけるため、様々な学問を学び、**「バレエ」と「乗馬」と「フェンシング」**を習い嗜みました。これらは、宮廷生活の娯楽であっただけでなく、外見の美しさを追求する心身の鍛錬のためのものでもありました。

当時の貴族にとって、「勉強」も娯楽であったといいます。自然で優美なふるまいからは、身につけた教養が滲み出て、それは地位と権力と良い血筋を持つ貴族と、それ以外の人を見分けることができる証でした。また、外見も内面も優美で上品であることは、王様を中心とする宮廷社会の調和と秩序を保つためにも求められました。

フランス貴族の紳士がまず身につけるべきものは帽子の挨拶でした。それはとても重要とされ、「帽子の扱い方一つで、その人となりがわかる」ともいわれました。そして、その帽子の挨拶を教えたのはバレエの教師でした。

今でも、バレエを習い始める子どもたちが最初に習うのは、美しい姿勢と優雅なお辞儀です。バレエのレッスンでは、最初と最後に必ず先生にお辞儀をして挨拶します。

バレエでは、お辞儀のことを「レヴェランス」といいます。フランス語で「尊敬」や「崇拝」という意味。現在も、相手に心から敬意を払う優雅なお辞儀をバレエから学ぶことができます。

ちなみにレヴェランスには、スカートをつまんだり、胸に手を当てたり、脚を曲げたり、たくさんの種類があります。公演では踊りの終わりにレヴェランスが見られますが、役の性格も反映されていて興味深いです。特に、民族的な特徴のある役や動物の役は、どんなレヴェランスをするのか楽しみなくらい。バレエはお辞儀までも味わい深いのです。

バレエから学べる10のこと

バレエはお受験に役立つお稽古事としても人気があります。大学受験などと異なり、幼稚園や小学校のお受験では、知識だけでなく、生活習慣や礼儀作法も問われます。数あるお稽古事の中でも、なぜバレエが選ばれるのでしょうか。考えられる10のメリットをご紹介します。大人でも意識したいことばかりです。

1　【姿勢】　バレエを習うと柔軟性と筋力が上がるので、自然に美しい姿勢を保てるようになります。

2　【礼儀作法】　レッスン前後の挨拶の習慣などから礼儀作法が身につきます。

3　【理解力】　先生の指示を正しく理解し、実践できるようになります。

4　【忍耐力】　厳しいレッスンを続けることで忍耐力が身につきます。

5　【協調性】　複数人でのクラスレッスンで協調性が身につきます。

6【自信】　一生懸命練習してテクニックを習得するたびに、達成感が得られて自信がつきます。
7【度胸】　人前で踊ることで度胸がつきます。
8【客観性】　全面が鏡張りの教室で、先生や、ほかの生徒たちの中にいる自分の姿を常に意識して見るレッスンを重ねるうちに、客観的に物事を見ることができるようになります。
9【異文化】　ヨーロッパ発祥の芸術であるバレエを習う中で、異文化に触れて世界観が広がります。
10【美的感覚】　バレエでは美しさを常に意識するので美的感覚が養われます。

このように、お稽古事としてのバレエからは、女性的な「美しさ」や「優雅さ」だけでなく、男性的な「強さ」や「賢さ」も身につきます。

バレエは年齢や性別を問わず、すべての人にとって、教養を深めながら優美さや気品も身につけることができる芸術です。

もちろん鑑賞するだけでも効果が得られます。バレエに触れる機会を増やせば増やすほど、教養を深めていくことができるでしょう。

バレエ史を辿るだけでもおもしろい

バレエのルーツはイタリア宮廷

バレエは時を経て国を超えて、世界中の人々に愛され発展してきました。実に600年もの歴史があるといわれています。その変遷を知るだけでも、歴史的背景とバレエとの関係性が浮き彫りになっておもしろいです。

ここでは、時代の流れに沿って、興味深い視点を交えながら、バレエ史における重要なポイントをまとめました。

バレエを軸にして昔あったおもしろい話を拾い集めていると、あるとき点と点が線となり始め、やがて全貌がおぼろげながら見えてくるはず。そのように気軽に捉えて、おもしろい話を探しに出かける気分で読み進めてみてください。

人間は誕生してからずっと、踊り続けてきました。気持ちを表現するため、神様に祈りを捧げるため、仲間と楽しく盛り上がるため……。このように、踊りは色々な地域で、様々な目的に合わせて踊られ、いくつものスタイルに枝分かれしていき、その中の１つがバレエとなったのです。

バレエのルーツは、**栄華を極めていたルネサンスの時代、15世紀のイタリア宮廷で開かれていたパーティーの余興で踊られていたものであるとされています。**当初はステップとリズムによる独創的な踊りで、聖書やギリシア・ローマ神話などをテーマにした劇の幕間で踊られていました。

その後、バレエはイタリア宮廷からフランス宮廷へ、さらにはロシア宮廷へと、国を跨《また》ぎながら、王侯貴族に庇護され育まれながら発展していきます。

フランスでは19世紀前半に、ロマン主義とともに「ロマンティックバレエ」が成熟。19世紀後半のロシアでは、様式美を重んじる「クラシックバレエ」が完成します。一般的にいわれるクラシックバレエとは、19世紀のこの2つのバレエ（「ロマンティックバレエ」と「クラシックバレエ」）のことをさす古典バレエのこと。

20世紀初めには、「バレエ・リュス」という型破りなバレエ団がロシアからパリへやってきました。バレエ・リュスがパリに集まる前衛芸術家たちとともに新しいバレエをつくると、バレエは一気に世界中へと広まりました。

言葉がないからこその豊かな表現は、娯楽から芸術のレベルにまで引き上げられ、「衣裳、振付、美術、音楽からなる、言葉だけがない舞台芸術」と位置づけられていったのです。

次項からは、バレエ史の変遷を、順を追って解説していきます。

フランスの宮廷バレエはこうして始まった

15世紀にイタリアに侵攻したフランスのシャルル8世は、当時のイタリア半島の洗練されて華やいだ雰囲気の中で、多彩な踊りや庭園の美しさなどの様々な芸

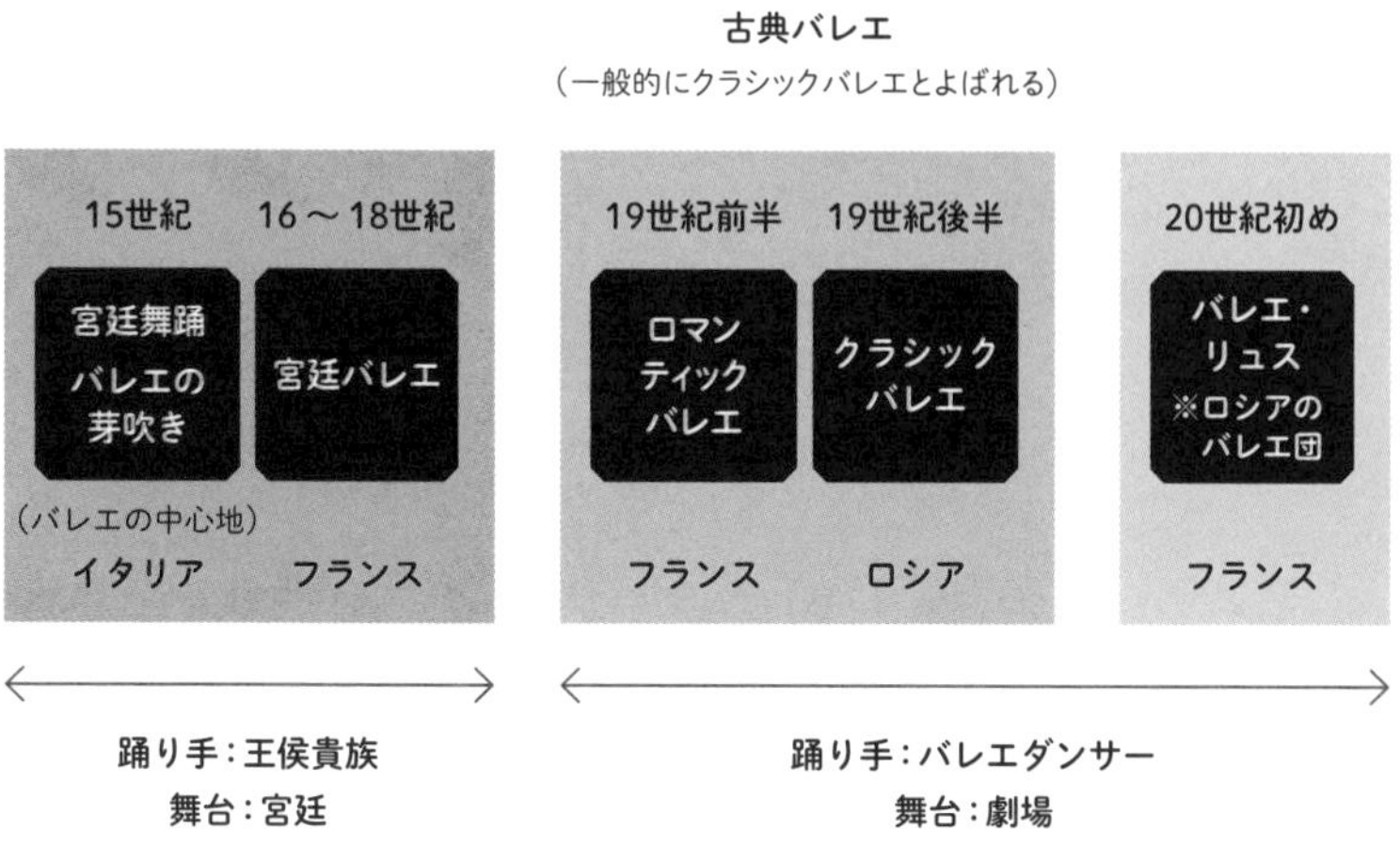

ざっくりバレエ史
宮廷で王侯貴族の男性が踊っていた時代、バレリーナが古典バレエを踊っていた時代、男性ダンサーが主役の新しいバレエが登場した時代を経て、バレエは世界中に広まります。

術と、レベルの高い文化に魅了されました。

16世紀になると、「フランス・ルネサンスの王」ともよばれ、美と知識の力で戦争をやめようと考えたフランソワ1世が、たくさんの絵画や彫刻や宝石をイタリアからフランスへ持ち帰り、芸術家も招きました。


やがて、**イタリア宮廷で踊られていたステップとリズムによる独創的な踊りが、フランス宮廷で発展し、バレエが誕生**します。

バレエはオペラのお祝いのシーンで踊られるようになり、床に幾何学模様を描くようなステップを踏むようになりました。宮廷の中で、王侯貴族たちが宝石で飾られた豪華な衣裳を纏って、バレエを踊ったり観たりして楽しむようになったのです。

これがフランスの「宮廷バレエ」の始まりです。

ルイ14世が築いたバレエの礎

16世紀後半、フランスのヴァロワ王朝の王子アンリ2世と、イタリアのフィレンツェの名門貴族メディチ家のカトリーヌ・ド・メディシスが結婚します。

まだ手掴みで食事をするような野蛮で遅れた国だったフランスに、カトリーヌがイタリアからカトラリーなどの食器類やテーブルマナー、バレエやジュエリーや香水の調香師など、ありとあらゆる文化や芸術を持ち込みました。

文化的で華やかな活躍の反面、カトリーヌの結婚生活はとても辛いものでした。新興貴族の家柄出身のためにいじめられたり、夫は愛人に心を奪われていたり……。

バレエを特に愛した彼女は、芸術に触れることで、傷ついた心を癒していたのかもしれません。

17世紀には、先に触れたルイ14世が、バレエの発展のために世界初のバレエの研究機関である「王立舞踊アカデミー」と、オペラの公演を行いバレエダンサーを育成する「王立音楽アカデミー」を創設します。彼は大好きなバレエを踊り、発展させるだけでなく、自らの権威を表すために踊り、絶対王政を築くことに成功しました。

ルイ14世が今日のアカデミックなバレエの礎を築いたのち、**踊り手は「王侯貴族」から「プロのバレエダンサー」に、舞台は「宮廷」から「劇場」へと移ります。**

ちなみに、16、17世紀のバレエは、花火や山車《だし》や馬の曲芸と同様、パーティーの出し物のように扱われました。当時のバレエはオペラの一部だったので、バレエそのものが評価されるようなことはありませんでした。

18世紀後半になると、「バレエ・ダクシオン」とよばれる一貫したテーマを表現する演劇的なバレエを理想とするようになり、バレエはオペラから独立していきます。

幻想的・民族的な別世界を表すロマンティックバレエ

19世紀前半、パリ・オペラ座が舞台となるロマンティックバレエの時代には、バレエの物語性が重視され、舞台美術やテクニックが発展しました。さらに、チュチュやポワントをはじめとする衣裳の機能性も向上し、「バレエ・ブラン」という群舞のスタイルが誕生しました。そして、識者たちはアカデミックにバレエの解釈を深めていきます。


ロマンティックバレエでは、妖精や精霊などを表現するために、つま先で立って踊るためのポワントと、釣鐘型の長く白いチュチュが誕生しました。バレリーナはまるで妖精のように、空気のように、軽やかで優美な動きを見せました。

また、白いチュチュを纏った数十人ものバレリーナが、舞台を清らかで穢れのない白に染めて、この世ならざる世界を表現するスタイルもできました。観客たちは、その幻想的で神秘的で怪奇な世界に目を奪われました。

19世紀前半のフランスは、幻想的なものや未知の世界に憧れる芸術思想「ロマン主義」の影響を受けていました。そのため、**バレエの物語はほとんどが、超自然的な妖精や精霊の登場する物語か、異国趣味溢れる物語でした。**

白いチュチュを着た妖精や精霊は、神秘的で清純な聖母マリアのような理想の女性像と重なりました。そして、民族衣裳や民族舞踊をとり入れた異教的なバレエは、とても官能的に踊られました。

劇場はパトロンとバレリーナの出会いの場

そこには生々しい男性の欲望が存在しました。というのも、当時の観客は主にブルジョワジーの男性たちで、バレエダンサーはほとんど女性だったからです。

ブルジョワジーの男性たちは、バレリーナの脚を性的な対象として見ていましたし、バレリーナたちの中に愛人候補を探していました。

一方、群舞を踊る最下級のコール・ド・バレエを目指す少女たちもまた、玉の輿やパトロン（愛人）との出会いを求めていました。

主役を踊る最高位のエトワールをはじめとする「役」がつく高い階級のバレリーナは、中産階級以上の家や劇場関係者の娘でしたが、最下級のコール・ド・バレエのバレリーナは下層階級の家の娘で、生活のためにバレエを踊っていました。

こうした背景もあり、**男性の欲望に応えようとしてバレリーナのチュチュの丈はだんだんと短くなり**、ドガ（フランスの印象派の画家）の絵に描かれたような膝丈のデザインに変わっていきます。

ドガの有名な踊り子の作品には、チュチュを纏って可憐に踊るバレリーナたちを、舞台の袖から見つめる黒いスーツを着たパトロンの姿が描かれているものが、いくつもあります。

王侯貴族に憧れたブルジョワジー

王侯貴族に代わって台頭したブルジョワジーでしたが、彼らは心の底から貴族の紳士に憧れていました。そして、自らのステータスを誇示するために、パリのオペラ座の上等な席を求めて集まりました。**オペラ座には火の燈《とも》った豪華なシャンデリアが吊るし上げられて、まるでヴェルサイユ宮殿のようでした。**

また、バレリーナが纏った釣鐘型の長く白いチュチュは、ブルボン王朝の白百合の紋章とも重なりました。

当時のブルジョワジーの男性たちは、バレエ鑑賞をしながら、自分があたかも貴族の紳士になったかのような気分を味わっていたのです。

ロシアで育まれていたバレエ

18世紀にロマノフ王朝のピョートル大帝[*3]によって西欧化政策が推進されて以来、**ロシアでは積極的にフランスから文化・芸術がとり入れられました。**

*3 ピョートル大帝
ピョートル1世。ロシア帝国初代皇帝。17世紀後半に首都をモスクワからサンクトペテルブルクに移し、以降サンクトペテルブルクは「西欧への窓」といわれた。

そして、サンクトペテルブルクには帝室舞踊学校が設立されます。のちのワガノワバレエアカデミーです。フランスを中心にバレエが発展している間、ロシアでも、イタリア人やフランス人の教師やバレエダンサーによって、アカデミックなバレエが育っていたのです。

また、**18世紀後半になると、皇帝は国家政策としてバレエに対してオペラと同様に多額の予算を割り当て、バレエ関係者に裕福な暮らしを保証しました。**このことがバレエの成長に拍車をかけます。

加えて、ロシア人はもともとスタイルが良く柔軟性のある体を持ち、容貌も美しい人が多いです。さらに、踊りが大好きで、ロシアには踊る文化が根づいていました。ロシア人はバレエの高いポテンシャルを持っていたのです。

このように、ロシアにはバレエが育つ豊かな土壌がありました。そして、伝統的なスタイルのバレエを絶やさず発展させていきました。

クラシックバレエがバレエを芸術にまで昇華させた

19世紀後半には、ロマンティックバレエとロシアのバレエが織り交ざり、古典主義的な様式のクラシックバレエが確立しました。ロシアの民話や民族音楽をとり入れた、ロシアの魅力溢れるバレエも登場します。

クラシックバレエでは、優雅さはそのままに、より大胆でダイナミックなバレエを目指すようになりました。その結果、白く長いふんわりとしたチュチュは、どんどん短くなっていきます。短いほうが、脚を高く上げやすく、脚を大きく開きやすく、足捌きが見やすく、男性ダンサーに持ち上げられやすいからです。

19世紀後半には、フランスで隆盛を極めたロマンティックバレエが落ちぶれていく一方で、バレエの伝統を尊び、高い水準でバレエ文化を紡いでいたロシア

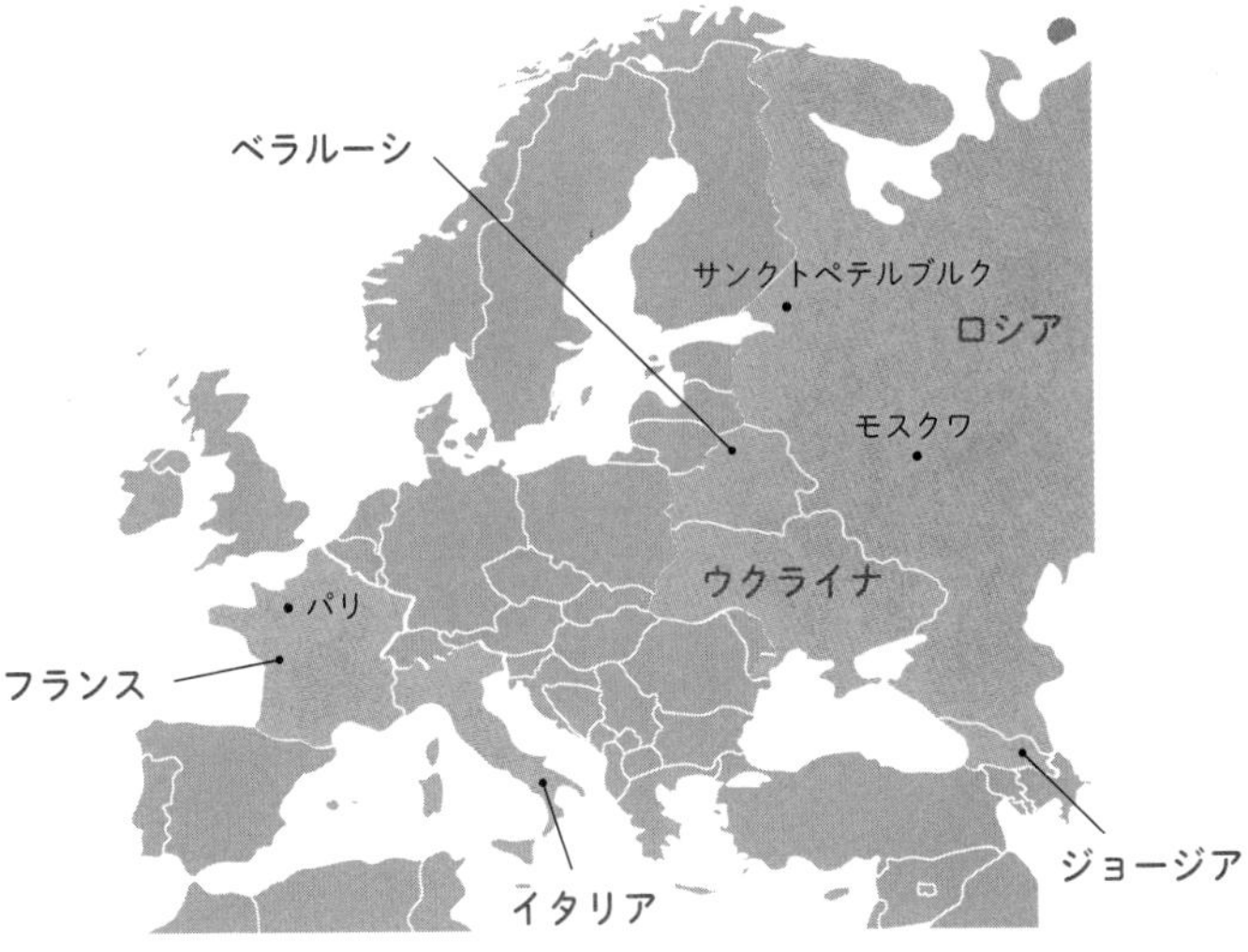

バレエの礎を築いた国と都市
ロシアバレエは、現在のロシアだけでなく、ウクライナやジョージアやベラルーシなど、かつてロシアに含まれていた周辺の国々とともに築き上げられてきました。

で、クラシックバレエの傑作が次々と誕生し、芸術としてのバレエが完成していきました。

型破りなバレエ団「バレエ・リュス」

20世紀初め、パリにはピカソやシャガール*4などの前衛芸術家たちが集まっていました。その頃のバレエはというと、パリで低俗な娯楽に成り下がっていました。

そこへ、セルゲイ・ディアギレフというロシア人貴族のプロデューサーが率いる「バレエ・リュス」という型破りなバレエ団がロシアからやってきました。

ディアギレフは、ロシア帝室バレエ（現在のマリインスキー・バレエ）のダンサーを多くスカウトし、一流の前衛芸術家たちに、バレエの音楽や振付、舞台美術すべてを依頼してコラボレーションしました。結果としてバレエは、舞踊、音楽、舞台美術、衣

＊4 シャガール
マルク・シャガール。ベラルーシ出身でフランスの画家。バレエとの関わりでは、パリ・オペラ座の天井画（1964年以降の絵）を描いただけでなく、「アレコ」「火の鳥」「ダフニスとクロエ」3作品のバレエの舞台美術も手がけた。

裳、文学が対等な立場で融合した総合芸術となり、これまでにない新しい感覚のバレエを次々と生み出します。

宮廷バレエ、ロマンティックバレエ、クラシックバレエのバレエ観は、〝貴族的で優雅〟という共通する美意識がありましたが、バレエ・リュスはとても革新的で新しいバレエ観を持っていました。

主役は男性ダンサーで、ココ・シャネル（フランスのファッションデザイナー）の衣裳や、マリー・ローランサン（フランスの女流画家）の美術、エリック・サティ（フランスの作曲家）の音楽など、当時の人々も驚く斬新で自由なアイデアでした。

バレエ・リュスは初めての私設バレエ団で、劇場に所属せず旅一座のように各国を巡業しました。その巡業というスタイルも、演じられるバレエも、それまでにはないまったく新しいものでしたが、そのような〝新しいバレエ〟は、芸術性と大衆性のバランスをとり、興行で成功を収めたのです。

ロシアからパリへやってきたバレエ・リュスは、パリを拠点として西ヨーロッパやアメリカに巡業しました。

しかし、当時のロシアは、第一次世界大戦やロシア革命が起こった激動の時代だったこともあり、バレエ・リュスがロシアで公演したことは一度もありませんでした。そのため、ロシアではクラシックバレエの伝統が守られたのです。

世界に広まるバレエ

ディアギレフが突然亡くなると、バレエ・リュスは自然消滅しますが、彼のバレエ観と精神は、バレエ・リュスに所属していたバレエダンサーやコレオグラファーたちに受け継がれます。彼らは世界各地でバレエ団を設立したり、バレエを教えたりして、バレエを根づかせていきました。**バレエ・リュスの存在がなければ、もしかしたら日本人の私たちがバレエに触れることはなかったかもしれません。**

バレエ・リュス以降は、物語性のない抽象的なバレエやモダンダンスの影響を受けて、ポワントを履かずに自由なスタイルで踊るモダンバレエも誕生します。

現代では、その系譜を継ぐ前衛的で多様なバレエや、解釈を新たにされた古典バレエを、新しい現代のバレエと広義に捉えて「コンテンポラリー作品」とよび、世界中のバレエ団が古典バレエとともにレパートリーに持っています。

日本でのバレエの始まり

日本のバレエは、20世紀初めに始まります。600年といわれるバレエの歴史の中で、**日本のバレエの歴史はまだ100年ほど**しか経っていません。

最初は、帝国劇場がオペラで踊られるバレエの指導者としてイタリア人のバレエ・マスターを招き、ロシア革命直前にロシア帝室バレエのバレエダンサー3人が帝国劇場で来日公演しました。そしてロシア革命のために日本に亡命してきたロシア人バレリーナのエリアナ・パブロヴァが鎌倉に日本で初めてのバレエ教室を開きます。

第二次世界大戦終戦の翌年には、帝国劇場で「白鳥の湖」が公演され、公演期間が延長されるほどの大盛況に終わりました。これは日本で初めての全幕バレエの上演でした。

冷戦時には、ロシア（ソ連）はプロパガンダとして日本にバレエを広め、それを阻止するかのようにアメリカのバレエも日本に入ってきました。ただ、当時の日本人の好みにはアメリカのバレエではなくロシアのバレエが合っていたようで、日本のバレエ界の人々は、日本にバレエ文化を根づかせるべく、ロシア人の協力を仰ぎました。

一方、日本で初めての本格的なバレエ学校であるチャイコフスキー記念東京バレエ学校（東京バレエ団の前身）創設者の林広吉は、熱心な日本共産党員でした。ソ連の社会主義思想に共鳴したこともあり、積極的にロシアのバレエをとり入れた、という政治的な一面もあったようです。

このようにして日本のバレエは、世界情勢の波の影響をも多分に受けながら、バレエを愛する日本人たちの純粋な熱い想いによって根づいていきました。

＊＊＊

ここまで、バレエ史を一気に解説してきましたが、いかがでしたか。

フランス革命で王政が廃止されたため、パリ・オペラ座の主な観客は貴族の男性からブルジョワジーの男性に代わりました。また、産業革命のおかげで、照明が蝋燭《ろうそく》やオイルランプからガス灯に代わり、バレエの演出が劇的に変化しました。

このように**バレエの内側の視点と、社会の動きというバレエの外側の視点から大きな枠組みでバレエを捉えてみると、新たな発見があります。**そうした気づきは、バレエへの好奇心をさらに掻き立ててくれるでしょう。

バレエの歴史をもっと詳しく知りたい人に向けて、巻末に押さえておきたい世界史のトピックを表にまとめて掲載しています。興味がありましたら、ぜひご覧ください。

初めてのバレエ公演の選び方

バレエ鑑賞するのに一番良い方法は、もちろん劇場で生のバレエを観ることです。実際に観て、生の空間と時間を共有すると、心にビンビンと響くものがあるからです。

では、バレエ公演の情報をどこで入手して、どのように決めれば良いのでしょうか。わからない人は、公演を選ぶときに総合的にサポートしてくれるバレエ情報サイトや、日本を代表する有名なバレエ団や劇場から選ぶのが安心でしょう。

おすすめのバレエ情報サイト、バレエ団、劇場をご紹介します（2024年7月現在）。

バレエ情報はサイトから入手

どの情報サイトも、バレエの公演情報を集めるためだけに利用するにはもったいないほど豊富な情報が盛り込まれています。

国内外の有名なバレエダンサーへのインタビューや、バレエ評論家がわかりやすく解説してくれるアカデミックな情報、自分で調べようとしても思いつかないような視点でまとめられたコラムなど。文字情報だけでなく、写真や動画もあり、気軽に読めて、ためになる情報が満載です。

おすすめしたい日本の有名バレエ団

日本の有名なバレエ団は公演の頻度も高く、演目数も多く、様々な地域の劇場で公演を行っています。

なぜバレエのレベルが高く、長い間愛されているバレエ団なのか、**バレエ団の理念やカラー**を調べてみると、様々な発見があっておもしろいです。

同じ演目でも日程によって出演キャス

サイト名	サイト紹介&公演情報の見方
バレエチャンネル	バレエを専門とする出版社が運営するポータルサイト。総合情報がたっぷり。 【URL】https://balletchannel.jp/ トップページ→INFORMATION→公演情報→公演情報一覧
チャコット	日本のバレエ用品メーカーのホームページ。鑑賞レポートも豊富。 【URL】https://www.chacott-jp.com/ トップページ→Web Magazine→ステージ&ワークショップ→ステージ
NBS	国内外の一流バレエ団などを招聘し公演を行う公益法人のウェブマガジン。 【URL】https://www.nbs.or.jp/ トップページ→NBS News Web Magazine→TOPニュース→バレエ
光藍社	国内外の一流バレエ団などを招聘し公演を行う会社の情報サイト。 【URL】https://www.koransha.com/ トップページ→MENU→バレエ・オペラ

トが変わるので、バレエダンサーのプロフィールなどもチェックしてみましょう。

鑑賞ついでに劇場近くで観光も

国内外の有名なバレエ団の公演が多いのは、関東と関西の大都市にある劇場です。

劇場でバレエ鑑賞する日は、**時間に余裕を持って**、劇場のある街や、劇場からタクシーですぐに移動できる素敵な街で、公演前後にお食事やお買い物や観光をするのも楽しいですね。

また、劇場内でも、建築をじっくりと眺めたり、資料室やミュージックショップなどの施設を利用するのがおすすめ。

バレエ団名	バレエ団紹介
東京バレエ団	ソ連政府の協力のもと、1960年に創設された日本で最初の本格的なバレエ学校「チャイコフスキー記念東京バレエ学校」が前身で、1964年に創立しました。
Kバレエトウキョウ	東洋人で初めてのプリンシパルとして英国ロイヤル・バレエで活躍していた熊川哲也が、バレエ界に波紋を呼んだ電撃退団の翌年の1999年に創設しました。
新国立劇場バレエ団	日本で唯一の国立バレエ団。新国立劇場の開館とともに、劇場の専属バレエ団として1997年に創立しました。芸術監督は、英国ロイヤル・バレエの最高位プリンシパルとして活躍した吉田都。

場所	劇場名	劇場紹介
東京	東京文化会館	バレエやオペラやコンサートの公演を目的として、1961年に上野公園の一角に開館した東京で最初の劇場。奇跡的な音響の良さを実現させ、「音楽の殿堂」とよばれています。
東京	オーチャードホール	1989年に渋谷にできた日本で最初の大型の複合文化施設「Bunkamura」の一施設で、バレエやオペラやコンサートの公演を目的として開館したホール。芸術監督はKバレエの熊川哲也です。
東京	新国立劇場	日本の伝統芸能以外のバレエやオペラや現代舞踊の公演を目的として1997年に開館した国立劇場。複合文化施設「東京オペラシティ」の一施設で、新宿からほど近い初台にあります。 舞踊部門の芸術監督は、新国立劇場バレエ団の吉田都で、新国立劇場専属の新国立劇場バレエ団や、新国立劇場附属バレエ研修所もあります。
大阪	フェスティバルホール	芸術性の高い音楽祭の開催を目標に、梅田からほど近いビジネス街の中之島のビル内に1958年に開館しました。建て替えられましたが、伝統と格式が感じられる内装と、「天井から音が降り注ぐ」と称えられる良質な音響は継承されています。 関西におけるバレエのメッカともいわれています。
京都	ロームシアター京都	京都市が全国に先駆けた多目的な公立文化ホールとして、1960年に京都会館の名前で開館しました。日本を代表する建築家の前川國男による建築で、「モダニズム建築の傑作」として高い評価を受けています。東山の岡崎にあり、そびえ立つ朱塗りの平安神宮の大鳥居が目印。
兵庫	兵庫県立芸術文化センター	阪神淡路大震災からの「心の復興・文化の復興」のシンボルとして、兵庫県が2005年に西宮に開館した文化施設です。 世界的な舞踊評論家の薄井憲二が寄贈した貴重なバレエ資料が、「薄井憲二バレエ・コレクション」として常設展や企画展で一般公開されています。

バレエとの距離が近くなるヒント

先に述べたように、バレエを鑑賞する一番良い方法は、劇場で生のバレエを観ることですが、いきなり観劇するのは敷居が高い、と思う人も多いでしょう。
そこで、ここからはバレエ初心者でも今すぐにできる、バレエに親しむためのヒントをご紹介します。

ヒント❶ 最初の一歩はインテリア感覚で

バレエの公演には、まず幕が上がる前に美しい音楽が流れてきます。そして幕が上がると、そこには舞台のサイズに切りとられた風景があり、美しい容貌と肢体のバレエダンサーが、美しい衣裳を纏って登場します。まるで飛び出す絵本のよう。

絵本を読むように、ジュエリーを眺めるように、ただバレエの美しい世界観に浸る。うっとりしたり、高揚感を感じる――。これがバレエの最高の鑑賞法だと思います。

しかし、そうはいっても、「ただ美しさを感じてうっとりする」というのが抽象的で難しいという人も多いと思います。

そんな人は、手始めにインテリアの一部としてスクリーンやモニターにバレエの動画を流してみるのがおすすめです。バレエ動画はネット上にたくさんアップされています。

美術では、「絵画は窓である」とされ、「開いた窓」に見立てられます。光をとり入れて気分を明るくし、換気をして気持ち良くして、外の美しい景色を四角く切りとって見せてくれる窓。バレエの映るスクリーンも同じです。

最初の一歩は、絵画やポスターやBGMのように、**とにかくバレエに触れる**こと。しっかり観ようとせず、ただ触れられさえすれば良しとします。

ちなみに、美しいものは人間の脳や心に大きな影響を与えるといわれています。

たとえば心理学では、「人は美しいものを目にするだけで癒され、ストレスが解消され、やる気が出て、体も元気になる」といわれています。脳科学では、「脳は美しいと感じると、欲求を満たし幸福感を得られる」といわれています。

余談ですが、アウシュビッツの収容所で生き残った人たちは、「愛」「夢」「美」を維持していたそうです。美が人間に与える効果の大きさに圧倒されますね。

ヒント❷ 幕ごとにちょこちょこつまみ食い

初めは気負わずに、興味を惹かれたバレエ作品から鑑賞してみましょう。

知識を総動員して考えながら観るよりも、絵本を読むように観るのをおすすめします。より心に響いてバレエを感じることができるように思うからです。

とはいえ、初心者がバレエを全幕しっかり観ようとすると大変かもしれないので、まずは**完璧主義をやめましょう**。鑑賞方法はあくまで自由です。

バレエの物語はいくつかの幕で構成されていることがほとんど。幕ごとに舞台美術や衣裳や音楽がガラッと変わるのもバレエの楽しみの1つです。幕ごとにちょこちょこ鑑賞してみて、観ると気分が高揚するシーンやお気に入りのシーンが見つかれば良いな、そんな気軽さが大事です。華やかな「花のワルツ」の部分だけを観たり、ノリの良い曲調のところだけを観たり……。気になるものを部分的に観てみましょう。

それを繰り返しているうちに、「バレエは敷居が高い」という先入観がとり払われて、自然とバレエ鑑賞にも慣れていくはずです。

ヒント❸ 趣味とバレエとの接点を見つける

今までバレエに触れてきたことのない人は、自分の好きなもの、趣味や関心の中にバレエと繋がる接点がないかを考えてみると良いと思います。

たとえば、私のようなジュエリー好きにはバレエ鑑賞がおすすめです。バレエにはジュエリーや宝石が密接に関わっているからです。その昔、王侯貴族は宝石のついた衣裳で踊っていましたし、バレエの「ジュエルズ」という作品は、ヴァンクリーフ&アーペル[*5]のジュエリーにインスピレーションを得てつくられました。

このように、ジュエリーであったり、お花であったり、ティーセット、絵画、時計……。一見、バレエとは無関係に思えるものの中にも、バレエに繋がる意外な接点を

＊5 ヴァンクリーフ&アーペル
1906年パリのヴァンドーム広場に創業。20世紀初めにアメリカのニューヨーク5番街に揃った世界5大ジュエラーの1つで、パリのヴァンドーム広場を拠点とするパリ5大ジュエラー（グランサンク）の1つでもある。

探してみると、きっとどこかで繋がっているはず。

たとえば、宝石が好きなら「ジュエルズ」を、恋愛小説が好きなら「椿姫」や「マノン」を、といったように。

自分の興味や関心を軸にして、バレエとの繋がりや意外な接点を発見するように心がけてみると、**バレエが一気に身近に感じられ、興味深いものに変わり、バレエの世界観は無限に広がっていく**でしょう。バレエに新しさを発見し、バレエをより楽しめるようになるはずです。

逆に、先にバレエ鑑賞をしながら、バレエの中に自分の趣味や好きなものに繋がりそうなものを探してみるのも楽しいと思います。

ヒント④ 観たい作品を好きな時間に好きな場所で

バレエに気後れすることはなくなったものの、バレエ鑑賞のために劇場になかなか行けない人、好きなバレエ団が来日しない、観てみたい作品が上演されない、昔のスターダンサーが踊るバレエを観たい……という人もいるでしょう。

そんな人には、公式ＹｏｕＴｕｂｅチャンネルや定額制のサブスクなどのストリーミング配信や、映画館でバレエ公演の映像を観るバレエシネマなどがおすすめです。

ＳＮＳで色々なキーワード検索をしてみてください。観たかったバレエ団の公式ＹｏｕＴｕｂｅや、探していた作品や、昔のバレエの録画映像が見つかるかもしれません。また、限定公開やライブ配信でもバレエが上演されることがあります。

英語やフランス語、ロシア語、イタリア語など、様々な国の言語で「バレエ」を意味する言葉や演目などを検索してみると、外国のメディアの公式ＹｏｕＴｕｂｅチャンネルで情報が公開されていたり、**思いも寄らない新しい出会い**があるかもしれません。バレエだけでなく、オペラやオーケストラに触れるきっかけにもなるでしょう。

巻末に、この本でご紹介する演目の、英語、フランス語、ロシア語表記をまとめています。検索する際の参考にしてみてください。

コロナパンデミックをきっかけに、世界中のバレエ団が公式ＹｏｕＴｕｂｅチャンネルを開設したり、独自のサブスクサービスを始めています。好きなバレエ団やバレエダンサーが決まっている人は、バレエ団公式のサブスクもおすすめです。

ライブ配信は時差に注意が必要ですが、好きな時間に好きな場所が劇場になります。

ヒント5 なんだ、そうだったのかぁ

最後に、バレエ鑑賞をする前にこれだけ押さえていたら、「バレエって難しくないかもしれない」と思える、目から鱗のとっておきのポイントを2つご紹介します。一気に気が楽になるはず！

1つめのポイントは、**「バレエには正解がない」**こと。

実は、バレエには基本となる物語はあっても、決まった正解はありません。同じ演目であっても、バレエ団によって、物語も衣裳も音楽も振付も舞台美術も異なるのです。たとえば、Aバレエ団では家庭教師が登場する物語だけれど、Bバレエ団では代わりに親戚のおじさんが登場する物語になっていたり。衣裳がまったく印象の違うデザインになっていたり……。

このように、自由度が高く新たな演出で鑑賞できるところは、私たちにバレエを複雑で難しいものと感じさせる一因でもありますが、バレエの見どころの1つでもあります。

2つめのポイントは、**「人気のバレエは、たいてい三角関係か四角関係の恋愛もの」**であること。

有名で人気もある演目のバレエ作品は、三角関係あるいは四角関係の恋愛物語であることが多いです。青年と美少女が出会って恋をするけれど、実は青年には恋人や婚約者がいて、さらに美少女に恋する青年がいる……。そこに身分差の問題が絡まったり、かわいそうな役回りの人が出てくる、というのが、バレエの恋愛物語の定番です。

「バレエには正解がない」「人気のバレエは、たいてい三角関係か四角関係の恋愛もの」。

ざっくりと、やや乱暴に言い切りましたが、この2つのポイントを知っただけで、「なんだ、そうだったのかぁ」とバレエが気軽なものに感じられ、劇場に足を運んでみたくなってきませんか。

次章では、私が特におすすめしたい作品を挙げて、「作品の特徴」「見どころ」をそれぞれ詳しく紹介します。まだ実際にバレエを観たことがないという人にも、読後にバレエ鑑賞したかのような気分になってもらえると嬉しいです。

Part 2

おすすめの イチオシ バレエ作品

観客が舞台で見るのは光り輝く泡
泡の中には血と汗と涙が浮かぶ

ニコライ・マクシモヴィチ・ツィスカリーゼ
（ロシアのバレエダンサー、ワガノワバレエアカデミー校長）

眠れる森の美女

豪華絢爛で優美高妙。
うっとりする美しさ

原作はフランスの童話

チャイコフスキー3大バレエ作品の1つで、古典バレエの最高傑作と評される、煌びやかで華やかな作品。原作はフランスの童話作家シャルル・ペローの『眠れる森の美女』ということになっていますが、ドイツのグリム童話『いばら姫』も物語が似ています。きっと、古くから語り継がれてきた民話からこれらの童話が誕生したのでしょう。このバレエがつくられた当時も、中部ヨーロッパでは誰もが知っている物語だったようです。

「眠れる森の美女」は、プロローグと1～3幕の構成です。

プロローグの舞台は、ある国の宮殿。オーロラ姫が生まれたお祝いをみんなでしているると、そこへ悪の妖精カラボスがやってきて、「お姫様は16歳の誕生日に糸紡ぎの針に指を刺して死んでしまうだろう」と呪いをかけます。

1幕は、お姫様の16歳のお誕生日のシーン。みんなでお祝いしていると、不気味な老婆がやってきてお姫様に花籠を贈ります。すると、お姫様は花籠に隠された糸紡ぎの針に指を刺してしまい、眠ったまま目を覚まさなくなってしまいました。

2幕は、100年後のシーン。森にやってきたデジレ王子がお姫様を見つけ出し、口づけをすると、お姫様は目を覚まします。

3幕で、お姫様と王子様はめでたく結婚しました。

相関図
悪の妖精カラボスに呪いをかけられて眠ってしまったオーロラ姫は、
100年後にデジレ王子のキスで目覚め、2人は結ばれます。王道のハッピーエンド。

2つの時代の宮廷ファッション

オーロラ姫は100年間も眠っていました。17世紀の豪壮で華麗なバロックの時代に眠りについて、18世紀の繊細で優美なロココの時代に目を覚まします。よく見ると、眠る前と後で、王侯貴族たちのファッションが異なります。

バロックのファッションリーダーといえばルイ14世。彼が建てたヴェルサイユ宮殿を想像してみてください。あの壮大で威厳のある華麗な装飾が、ファッションにも施され、特に男性の服飾はレースやリボン、刺繍などで装飾された華美なスタイルです。この時代までは女性より

100年もの間眠るオーロラ姫
オーロラ姫が薔薇に囲まれてベッドで眠っているシーンの美術や演出には、バレエ団独自の美的センスが感じられます。薔薇は、美と愛の女神アフロディーテや、聖母マリアを象徴する美しいお花です。

も男性のほうが煌《きら》びやかに装っていました。

ヨーロッパの社交界では、青年貴族たちの貴婦人に対する好ましい礼儀作法やお洒落な風俗を「ギャラントリー」とよび、それは一世を風靡した美意識となって文学や芸術にも影響を与えました。そして、ギャラントリーの表現に最もふさわしいものとして男性の服飾に使われたリボン装飾は「ギャラン」ともよばれていました。

悦楽のロココの時代、ファッションリーダーにはルイ15世の公妾（宮廷公認の愛人）のポンパドゥール夫人[*1]やマリー・アントワネットがいます。女性のときめきが詰まったレースやリボンや薔薇の造花までついたパステルカラーの絹のドレスの下には、パニエ[*2]

＊1 ポンパドゥール夫人
フランス王国ブルボン王朝の国王ルイ15世の美貌の愛妾。宮廷では、文化・芸術を庇護し、しばしば外交においてルイ15世を手伝った。平民出身とはいえ資産家の養父のおかげで、質の高い教育を受けて育ち、豊かな教養を備えていた。

＊2 パニエ
本来は食用の鳥を飼う半球型の籠の意味。スカートの内側に、木の枝やくじらの髭などでつくった輪を何段か重ねてとりつけてスカートを大きく膨らませるペチコートのこと。

とコルセットをつけていました。くじらの骨でつくられたパニエでスカートを大きく広げ、コルセットでウエストを細く締めつけ、胸を押し上げる……。この**過剰なまでの人工的な美意識**はフランス革命の前まで続きました。

宝石たちが踊ってお祝いする

3幕のオーロラ姫と王子様の結婚式では、サファイヤ、ダイヤモンド、エメラルドなどの宝石の精たちも、2人の結婚をお祝いします。宝石の精たちはオーロラ姫が美しく成長したことを喜び、彼女を喜ばせようと踊ります。

宝石は、色や輝きが美しく、それは永遠に続き、不思議な力を持つと考えられ、人々を虜にしてきました。

そして、「パールのような歯」「金を紡いだような髪」「コーラルの唇」「サファイヤのような瞳」……というような宝石の名前による形容は、どれも最上級であることを意味します。**美しくて気品と風格のあるオーロラ姫が最上級であると、踊って讃えているの**でしょう。

また、このシーンの台本には「太陽神が降臨する」と書かれているそうです。太陽神を象徴とし、太陽王とよばれたルイ14世の築いたフランス絶対王政のように、当時のロシアの繁栄を祈ってつくられたのかもしれません。

優美な花のワルツ

1幕の優雅で華やかな「花のワルツ[*3]（ガーランドの踊り）」にときめかない女性はいないのではないでしょうか。バレリーナたちがガーランド（花綱飾りの花輪）を手に持って踊るコール・ド・バレエ（群舞）は、胸が高鳴って幸せ感いっぱい。華やかで美しいです。

「眠れる森の美女」と「くるみ割り人形」の「花のワルツ」や、「海賊」の「生ける花園」では、バレリーナたちがガーランドを持って踊ったり、花びらのようなチュチュを着て

＊3 ワルツ
円舞曲。3拍子の舞曲。18世紀当初は、庶民の男女がくっついて踊る下品な踊りだったが、次第に宮廷で踊られるようになる。王侯貴族のかつらが落ちないように、ドレスの裾を踏まないように、ゆるやかなテンポの優美な踊りになっていった。

舞い踊ります。舞台が華やかなバレリーナで埋め尽くされて、こぼれんばかりにお花がたくさん咲いているように感じられる演出はバレエならではのものでしょう。

古代エジプトの人々は、神様を喜ばせるために、美しく芳《かぐわ》しいお花を飾ったり供えたりしていました。**飾られたお花が規則性を持って連続する模様は、永遠の命の象徴で縁起の良いものとされていました。**その後、キリスト教のお祝いでもガーランドなどのお花の飾りが見られるようになっていきます。

18世紀後半の新古典主義の時代、貴族階級の舞踏会やパーティーでは大きなガーランドが天井からぶら下がり、古代ギリシア・ローマ風の円柱に這わせて飾られていました。フランスの画家ジャン＝フレデリック・シャールの絵画にも、ガーランドを持って踊る少女が描かれています。

ジュエリーでも、ガーランド・スタイルが流行しました。金や銀などと宝石を用いて流れるような曲線を描き、草花を表現するなど繊細な装飾が特徴で、現在でも人気のデザインです。

海外の劇場では、階段からバルコニー席に至るまで、あらゆる場所がたくさんの季節の花々に飾られます。外国のお花の使い方は明らかに日本のそれとは異なります。一晩の豊かさのために、溢れるほどの美しく芳しい花々を切って飾っているのです。

華やかで美しい花のワルツ
優雅で明るい曲調のワルツに合わせて、ガーランドを手にし、花籠を抱え、子どもや若い男女が大勢でオーロラ姫を祝福します。舞台が咲き誇る花々で溢れるような、生き生きとした心ときめくシーン。

ジゼル

若い娘の亡霊たちによる
美しく悲しい踊りが闇夜に青白く浮かぶ

現実と幻想の2つの世界

フランスのロマン派の詩人でありバレエの批評家でもあったテオフィル・ゴーティエが、ドイツの詩人ハインリヒ・ハイネの『ドイツ論』に収録された西スラブの民話に着想を得て、「ジゼル」の物語をつくりました。

「ジゼル」は全2幕の短いバレエ。

1幕の舞台は、中世ドイツのブドウ畑がたくさんある村。貴族の青年アルブレヒトは可愛い村娘のジゼルが気になって、農民に変装してジゼルを誘惑します。ジゼルはアルブレヒトに恋をしています。

ジゼルに片想いする森番のヒラリオンが、アルブレヒトが貴族で婚約者もいることをジゼルの目の前で暴くと、彼女はショックで気が狂い、死んでしまいました。

2幕は、怪しく月光に照らされる森の中。時は経ち、ジゼルのお墓にアルブレヒトがやってきます。

若い娘の亡霊ウィリたちが飛んできて、アルブレヒトを死ぬまで躍らせようとすると、ウィリになったジゼルが彼を庇います。

なんとか切り抜けて朝を迎えると、ジゼルは消え、アルブレヒトだけがそこに残ります。

幻想の世界では、たくさんのウィリたちが整列し、白くて薄いチュールのふんわり長いロマンティックチュチュを纏っ

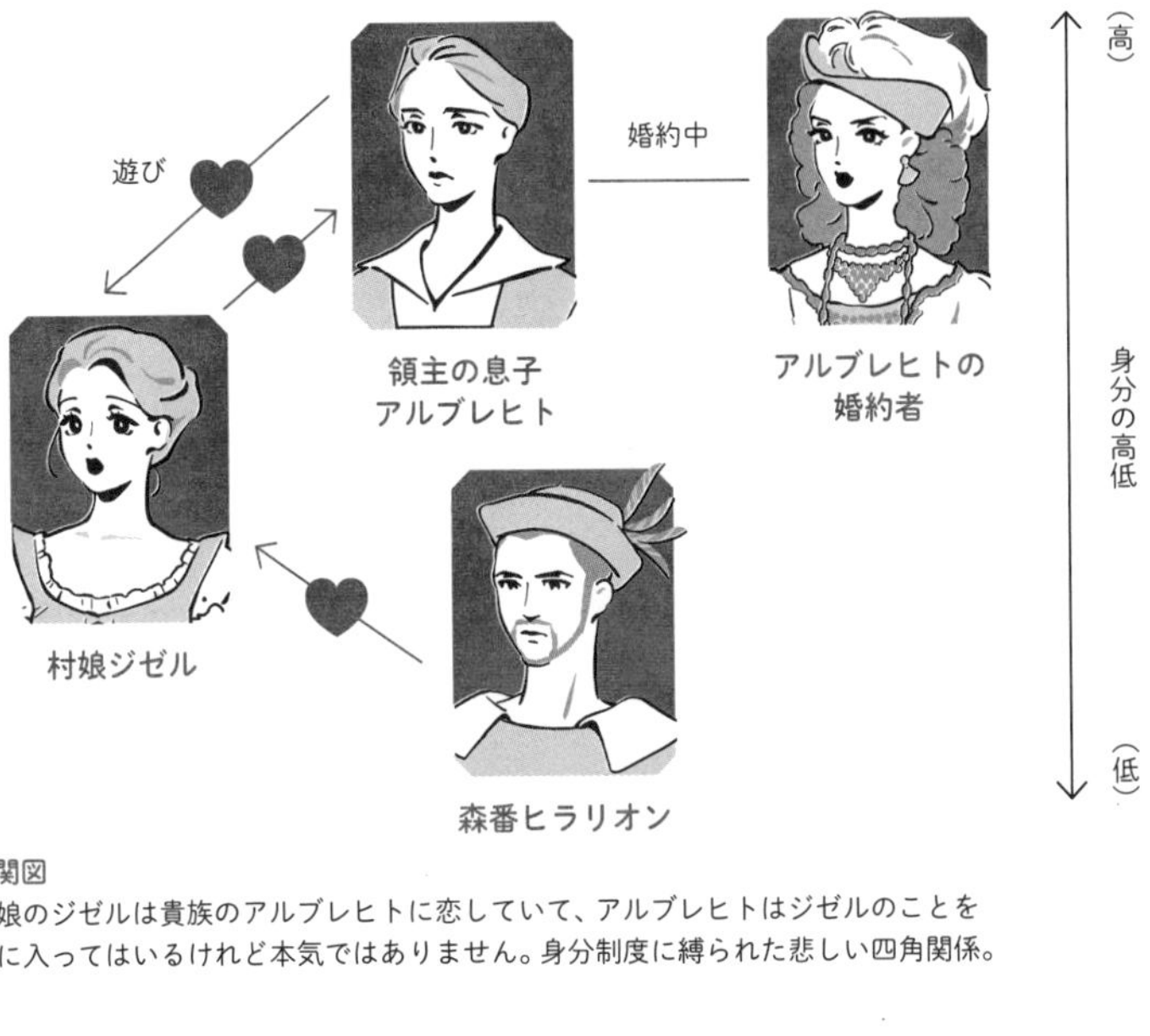

相関図
村娘のジゼルは貴族のアルブレヒトに恋していて、アルブレヒトはジゼルのことを気に入ってはいるけれど本気ではありません。身分制度に縛られた悲しい四角関係。

て軽やかに優美に踊ります。舞台は静謐《せいひつ》で美しく、寂しげで儚い、幻想的な雰囲気に包まれます。

ウィリは、結婚前に亡くなってしまった若い娘たちの亡霊です。ウィリたちが胸の前で腕を組むのは、恥じらって胸を隠しているとか、赤ちゃんを抱くポーズだともいわれています。

純潔を象徴する白い花

まるで純白のウェディングドレスを着ているようなウィリたちの頭には、オレンジ（甘橙）の白い花の髪飾りがついています。

19世紀にイギリスのヴィクトリア女王

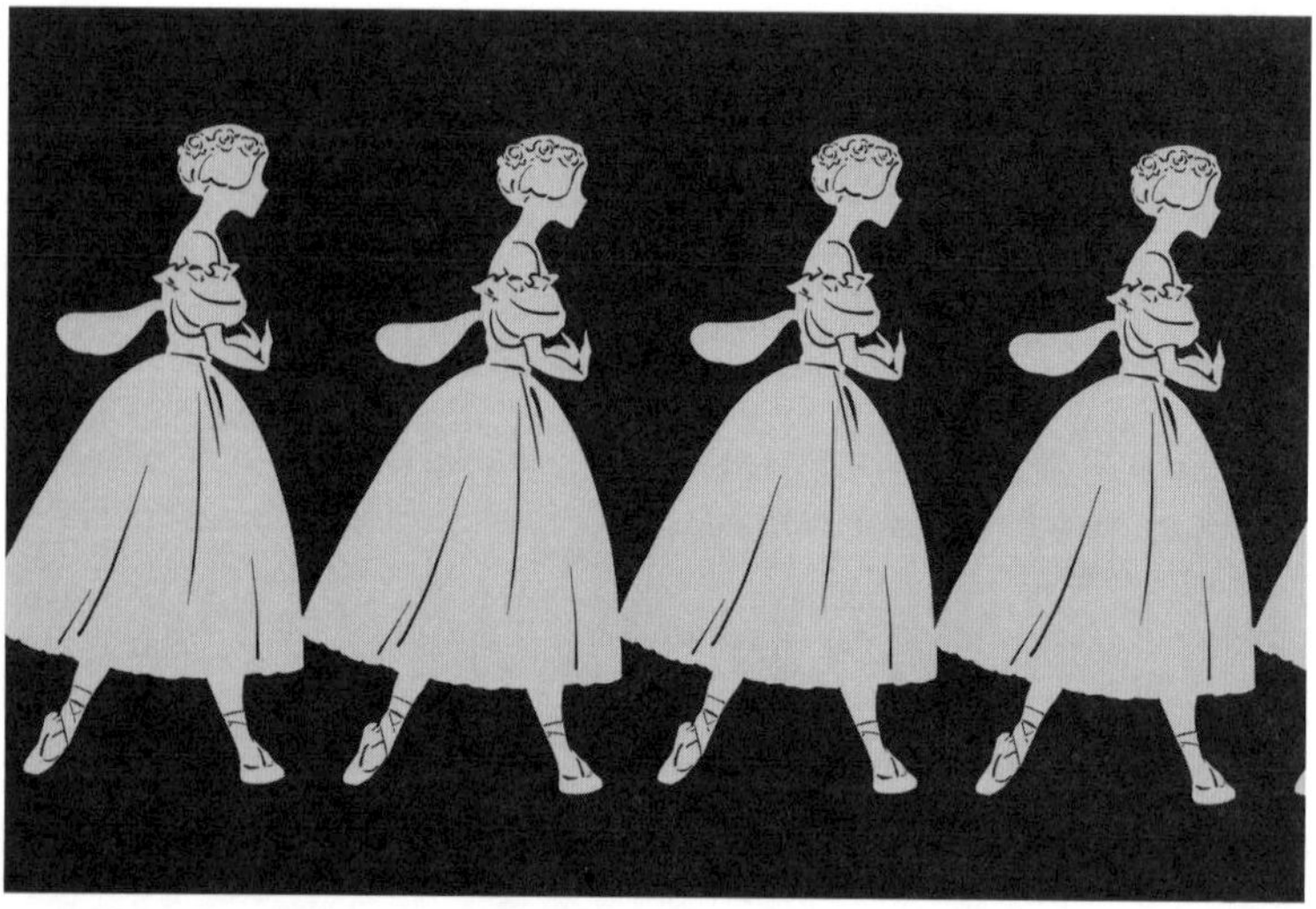

悲しそうにうつむいて並ぶウィリ（少女の亡霊）たち
背中の小さな羽、白くてふんわり長いスカート、白い花の頭飾りが特徴的なウィリがたくさん整列して踊ります。スカートから覗く細くて小さな足先で感情を物語ります。

は、結婚式でティアラの代わりにオレンジの花の冠をつけました。オレンジは、果実がオレンジ色で、花は可憐な白。**オレンジの白い花は「無垢」と「純潔」を象徴**していま す。それは、イギリスの王室の伝統となり、一般の人々の間でも流行しました。

アルブレヒトは、劇中、白い百合の花を持ってジゼルのお墓にやってきます。聖母マリアの花でもある**白い百合の花は、「純粋な愛」と「純潔」の象徴**です。しかし、白くて純粋な顔を持ちながら、香りはとても強い。香りが強い花は、男性を惑わすといわれ、エロティシズムを象徴しています。

このような相反するものたち。現実と幻想、村と森、昼と夜、婚約者と浮気相手……。「ジゼル」には様々な対比が散りばめられていて、観る者を惑わします。

家柄や身分の違いが結婚の障壁に

登場人物の中で〝かわいそうな役〟といえばヒラリオンでしょう。彼は恋心を寄せるジゼルに相手にされず、誰ともペアになれないまま、ウィリに踊らされてすぐに死んでしまい、踊りの見せ場もありません。それはなぜでしょうか。

ヒラリオンは森番をしています。森番とは、領主が狩りをするために獲物を守り、動物の死体を処理する仕事です。**中世ヨーロッパで、森番は最下層の職業の1つで差別されていました。**農民よりも身分が低いので、ジゼルにも相手にされないのです。しかも、彼の領主は、ジゼルが恋するアルブレヒトの父親でした。

一方、村娘のジゼルと貴族のアルブレヒトはどうでしょうか。ジゼルがアルブレヒトにときめきながら、白くて可愛らしいカミツレの花びらを1枚1枚、「好き、嫌い、好き、嫌い……」と抜いて見せるとき、貴族のアルブレヒトにとってその花占いはオカルト的な遊びにしか思えません。村娘の遊びは、彼の育ちや教養とは縁がないのです。

それに、そもそもアルブレヒトはジゼルに恋しているのではなく、村人の娘をからかっているようなものでした。

こうした身分制社会など物語に隠された社会的背景を知ると、バレエ鑑賞はより味わい深く、奥行きを増していきます。ぜひ、物語のディテールに目を留めてみてください。

せむしの仔馬

ユーモアに溢れて神秘的。これぞロシア民話の世界観

次々と出会う魅力的なキャラクター

原作は、ロシアの詩人ピョートル・パーヴロヴィチ・エルショーフの童話。ロシアの子どもたちなら、みんな知っているような古い民話です。

「せむし[*4]の仔馬」は全2幕。

1幕では、農村に住むおばかさんの少年イワンが、不思議な魔法の力を持った、背中

＊4 せむし
病気のため背中がひどく曲がっている人のことで、醜い容姿とする差別用語。「せむしの仔馬」に登場する仔馬もまた、背中に大きなこぶがある醜い姿であることを示している。

に大きなこぶが2つある醜い仔馬と仲良くなります。王様や家来からどんなにわがままで意地悪な命令をされても、それに逆らわずに従うイワン。

あるとき、王様は美しいお姫様に一目惚れしてしまい、イワンにお姫様を連れてくるように命令します。

2幕で、イワンと仔馬は火の鳥たちが住んでいる世界の果てでお姫様を見つけ、宮廷に連れて帰りました。

宮廷で王様がお姫様に婚約指輪を渡すと、お姫様は海の底にある宝石のついた指輪でなければ嫌だと言って受けとってくれません。イワンは王様に命令されて、今度は海の底に仔馬と旅に出ます。

最後に、イワンは王様から沸騰したミ

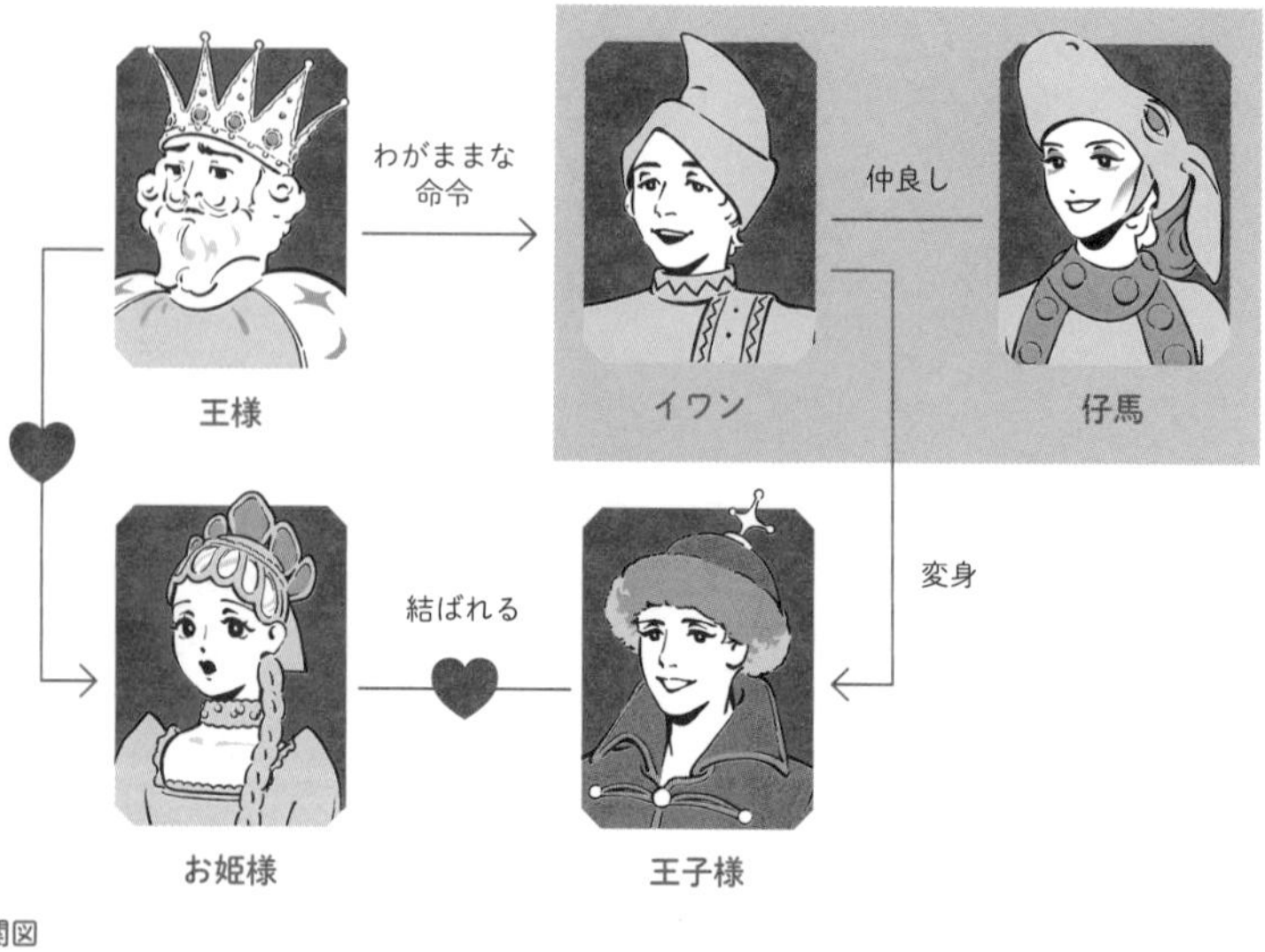

相関図
おバカさんのイワンと醜い仔馬は仲良し。イワンはわがままな王様から
数々の無理難題を押しつけられますが、仔馬と一緒に乗り越えていきます。

ルクのお鍋に入るように命令され、思い切って飛び込みました。

　すると、仔馬の魔法の力が働いて、イワンは美しく立派な王子様に変身し、めでたくお姫様と結婚しました。

人気の小品「フレスコ」と「海と真珠」

　全幕バレエの一部を抜粋したものを小品《しょうひん》とよびます。「せむしの仔馬」は、全幕で上演されることよりも小品が踊られることが多い作品です。人気の小品を2つご紹介しましょう。

　1つめは「フレスコ」。仔馬が魔法をかけると、宮殿の壁に描かれた美しいフレスコ画の4人の少女に命が宿り、踊り

仲睦まじいイワンと仔馬
仔馬はいつもイワンの傍にいて、魔法の力で助けてくれます。
仔馬役のバレエダンサーはポワントで踊り、仔馬らしく可愛らしい動きや表情を表現します。

出します。

命の宿った少女が1人ずつ壁から飛び出す様子や、お互いに挨拶する微笑ましい様子、優雅さと可愛らしさがいっぱいの生き生きとした踊りが印象的。少女たちは踊り終えると、再びフレスコ画に戻っていきます。

また、フレスコ画の「フレスコ」とは、イタリア語で「フレッシュな」という意味。偶然か意図的か、少女たちの生き生きとした踊りには、その言葉通りのフレッシュさも感じられます。


2つめは「海と真珠」。ワガノワバレエアカデミーの卒業公演でも上演されて有名ですし、海の王様と2人の真珠の踊りが可憐で可愛らしくて人気があります。

真珠2人だけの踊りは、お互いに手を繋いだり同じ動きをして、まるで双子のよう。


ほかにも、海の中で真珠が踊るバレエがあります。中世ロシアの口承叙事詩ブィリーナの物語を原作としたオペラ「サトコ」の第6場「海底の宮殿」だけがバレエになったものです。水中のゆらめきや、泳いでいるような動きをとり入れた独創的な動きで、海底の雰囲気を醸し出します。

西ヨーロッパで起きたロシアブーム

19世紀の西ヨーロッパでは、文学や美術の界隈でロシアブームが起きていました。17世紀後半～18世紀、ピョートル大帝やエカテリーナ2世の時代のロシアは、西ヨーロッパの文化や芸術を積極的にとり入れていました。そして、西ヨーロッパのロシアブームから少し遅れて、ロシア人たちは自国の芸術に目を向け始めます。

その芸術とは、キリスト教が根づくより前の古い時代に、ロシアの民が育んでいたものでした。18世紀後半に民俗学者によって出版された『ロシア民話集』が当時の多くの**芸術家たちに影響を与えたと伝えられています。**

当時バレエは、文学や美術からも遅れをとっていました。西ヨーロッパ的なテーマやオリエンタリズムが中心だったバレエが、初めて〝ロシアの民話〟という題材をとり入れたのは、20世紀初めのパリでバレエ・リュスによって初演された「火の鳥」だといわれています。

実は、それよりも前の19世紀後半に「せむしの仔馬」が、ロシア帝室バレエによって上演されていますが、ロシアの芸術家には「真のロシア的な作品」とは評されていません。なぜなら、フランス人のコレオグラファーがつくった作品だったからです。ロシアの評論家たちは、「フランス人は真のロシア的な文化を理解できていない」と厳しい判断を下したのです。

ロシア芸術を支えた農奴たち

ロシアの民話や童話には、イワンのように王様やお金持ちに意地悪をされても真面目に働き、最後には幸せになれるという展開の物語が多く見られます。このような物語は、ロシアの人々の希望であり慰めでもありました。ロシアの人々はそれほど辛く厳しい環境におかれていたのです。

18世紀のロシアで、優雅で贅沢な暮らしをしていた貴族たちは、自らの富と権力を誇示するために、豪華な劇場を運営していました。彼らは自分の領地の農奴たちに過酷な労働だけでなく、バレエや演劇や楽器の演奏などの厳しいレッスンも強制し、自分たちの劇場に出演させていました。そして、農奴ダンサーの中でも、秀でた才能を見出された人は、帝室劇場に買いとられました。

もともと踊り好きで踊りが盛んだったという気質や土着の文化があったということだけでなく、**農奴劇場という悲しい歴史があったことも、ロシアでバレエが栄える土壌の1つでした。**農奴劇場は宮廷舞踊とともに誕生し、農奴解放令をきっかけに姿を消していきます。

帝政ロシアの優雅で贅沢な貴族文化を支えていたのも農奴の存在であり、光と影の構図で、バレエも音楽も、そのほか様々なロシア芸術には農奴芸術家が大きく貢献していました。農奴たちが領主の横暴なわがままに付き合うことで、バレエなどのロシア芸術の発展やロシアの貴族文化の繁栄があったことを忘れないでください。

とても寒くて、とても広い神秘的なロシア。日本人はつい西ヨーロッパに目がいきがちで、ロシアにはあまり関心が向かないように思いますが、文化・芸術のレベルが高くて、本当に不思議で魅力的な国です。特に、文学、バレエ、クラシック音楽、演劇において常に世界のトップを走っています。

西ヨーロッパよりずっと遅れている国でしたが、皇帝が政治のために芸術をとり入れ庇護してきた一方で、農奴たちが生活のために芸術活動を行い、芸術を追求していたという特殊な事情が、ロシアの文化・芸術を高いレベルに引き上げたのでしょう。

ジュエルズ

煌《きら》めく宝石たちがバレエを物語る

宝石が踊るストーリーのないバレエ

このバレエに物語はありません。

コレオグラファーのジョージ・バランシンが、バレエ好きの友人クロード・アーペルの経営するジュエラー、ヴァンクリーフ&アーペル（P58参照）の最高級のジュエリーにインスピレーションを受けたことをきっかけにつくられました。

全3幕で、1幕は「エメラルド」、2幕は「ルビー」、3幕は「ダイヤモンド」と副題がついていて、それぞれ、**フランス、アメリカ、ロシアのバレエを象徴**しています。

バレエは、19世紀前半に〝フランス〟で優美なロマンティックバレエとして成長し、19世紀後半に〝ロシア〟で古典美のクラシックバレエとして完成し、20世紀初めに世界中に広まり、〝アメリカ〟でモダンなバレエが誕生しました。

「ジュエルズ」では、この3ヶ国で称賛されたバレエに敬意を込めて、それぞれを宝石に見立てて踊ります。

1幕は、膝まであるグリーンのロマンティックチュチュの衣裳の「エメラルド」が、フォーレ[*5]のゆったりとした曲に合わせて、フランスの優雅なイメージの踊りを踊ります。

2幕は、赤いミニスカートの衣裳の「ルビー」が、ストラヴィンスキー[*6]の力強い曲に合わせて、20世紀アメリカのニューヨークのモダンなイメージの踊りを踊ります。

3幕は、白くて短いクラシックチュチュの衣裳の「ダイヤモンド」が、チャイコフス

＊5 フォーレ
ガブリエル・フォーレ。フランスのロマン派の作曲家。上品で洗練されていて、かつ叙情的で美しい音楽が特徴。小規模編成の楽曲が多く、サロンから人気が広まった。パリ国立高等音楽院院長も務めた。

＊6 ストラヴィンスキー
イーゴリ・ストラヴィンスキー。ロシアの作曲家。バレエ・リュスのプロデューサーのディアギレフに依頼されてつくった「火の鳥」「春の祭典」「ペトルーシュカ」は〝ストラヴィンスキー3大バレエ〟とよばれ、高く評価されている。

キーの壮大なシンフォニーに合わせて、ロシアの古典的な美のイメージを格調高く踊ります。

アメリカらしいモダンなバレエ

フランスとロシアのバレエ史については先述の通りですが、アメリカのバレエはどのような歴史を辿ったのでしょうか。

アメリカは、19世紀末の南北戦争の後から豊かになり始めていて、憧れのヨーロッパから美術品やジュエリーを買い求めていました。ニューヨークの5番街には、5大ジュエラーとよばれるティファニー、ハリー・ウィンストン、カルティエ、ヴァンクリーフ&アーペル、ブルガリのメゾンが出揃い、**ニューヨークはパリやローマのようにあらゆるものが揃うといわれた**ほどでした。

当時は、ロシアからパリにやってきた型破りなバレエ・リュスが、西ヨーロッパやアメリカで新しいバレエを公演し始めていた頃で、アメリカでは自己表現のための踊りを

フランス・アメリカ・ロシアのそれぞれの“らしさ”
パリのエメラルド（ロマンティックバレエ）、ニューヨークのルビー（モダンバレエ）、サンクトペテルブルクのダイヤモンド（クラシックバレエ）。それぞれの美しい踊りは“らしさ”が弾けます。

目指すダンサーたちによって〝モダンダンス〟が誕生していました。それはアクロバットに近いもので、ダンサーたちは、チュチュやポワントではなく、古代ギリシア風のゆったりとしたローブを纏って裸足で踊りました。

新しい価値を創造するモダニズムの時代、芸術性も伝統もなかったアメリカのバレエは、モダンダンスの影響を強く受けていったのです。

「ジュエルズ」では、こうしたフランス、アメリカ、ロシアそれぞれの国で育まれたバレエの〝らしさ〟を感じとることができます。

「ジュエルズ」の誕生秘話

「ジュエルズ」をつくったバランシンはロシア出身で、もともとロシア帝室バレエのバレエダンサー。ロシア革命を機に西ヨーロッパに亡命し、バレエ・リュスでコレオグラファーとして活躍します。そしてバレエ・リュスが解散すると、アメリカに渡って20世紀アメリカのバレエを芸術にまで育て上げました。

物語がなくてもバレエそのものは美しいと考え、ロシアのクラシックバレエの美しさに、アメリカ人の感性に合ったダイナミックさをとり入れて、抽象的なバレエを数多く生み出しました。

20世紀後半に、バランシンはクロード・アーペルとヴァンクリーフ&アーペルのジュエリーに出会い、その数年後には「ジュエルズ」が初演されました。

実は、ヴァンクリーフ&アーペルは、「ジュエルズ」が構想されるよりも前の20世紀前半から、メゾンのシグネチャーの1つに、具象的なモティーフのジュエリー「バレリーナ クリップ」を持っていました。

クロード・アーペルには、メゾンの創業一族の1人でありバレエの熱心なファンだった叔父ルイ・アーペルがいて、2人は連れ立ってよくパリ・オペラ座でバレエを鑑賞したそうです。バレエ好きのクロード・アーペルは、バレリーナの躍動感ある優美なポーズと衣裳の美しさを宝石で表現した「バレリーナ クリップ」をつくりました。

クラシックバレエとモダンバレエ、バレエとジュエリーの2つのコラボレーションによって、それまでになかった新しいバレエ「ジュエルズ」が誕生したのです。

COLUMN

ヨーロッパの人々にとっての美

「バレエ団とバレエ学校」（P92参照）でもご紹介しますが、ロシアには、世界的に有名なワガノワバレエアカデミーというバレエ学校があります。その校長であるニコライ・ツィスカリーゼは、「バレエは第一に美」であると言い、生徒たちにも美を追求するよう厳しく指導しています。

彼は、もともと世界3大バレエ団とされるロシアのボリショイ・バレエのプリンシパル（バレエ団のダンサーの中で最高位の階級）でした。彼のバレエの才能と熱心な指導とバレエ哲学は、ロシアの人々だけでなく世界中のバレエファンの心を射止めています。

たしかに、バレエの一番の魅力は、すべてが美しいことであり、ヨーロッパの人々にとって、「美」は日本人の私たちが想像する以上に価値のあるものです。

たとえばロシア人は、ちょっとそこまでゴミを出しに行くだけでもきちんとお洒落をしないと気が済みません。たとえ水やガスが止まって日々の生活が不便になった状況でも、きちんとピアスをして口紅を塗って綺麗なお洋服を着てお洒落をします。

私が西洋服飾史を学んでいたとき、ヨーロッパの人々のお洒落や美への貪欲さによく驚かされました。

たとえば19世紀初めのフランスで、薄い生地のドレスが流行ったとき、女性たちはより美しく見せるために、ドレスを水で濡らし体にフィットさせたのですが、その結果、多くの女性が肺炎にかかって亡くなりました。

そのほかにも、ヨーロッパ各地で、自宅の階段でロングドレスの裾を踏んで転げ落ちたり、コルセットをきつく締め続けて内臓や肋骨に異常をきたしたり、大きく膨らませたスカートに火が燃え移ったり、スカートの裾が馬車の車輪に巻き込まれたりするなど、当時の女性たちが命懸けでお洒落をしていたエピソードがたくさん資料に残っています。

遠藤周作は、小説『王妃マリー・アントワネット』（新潮社）の中で、マリー・アントワネットは断頭台で処刑される瞬間まで「優雅に美しくあること」を貫いたと書いています。ファッションリーダーだったマリー・アントワネットは、容貌だけでなく生き様も美しくあろうとしたのです。

Part 3

知れば知るほど観たくなる！バレエ基礎知識

バレエは人間の魂によって
演じられるダンスです

アレクサンダー・プーシキン
（ロシアの作家・詩人）

バレエ団とバレエ学校

至高の世界3大バレエ団

バレエのことが少しずつわかってくると、バレエ団の種類や違い、バレエダンサーや演出、振付の違いなどが気になってくると思います。

バレエ団には、それぞれ特徴があり雰囲気が異なります。繊細で優雅だったり、スタイリッシュだったり……。

実は、バレエ団によって、体の動きに合わせて顔の向きや角度や目線をつける「顔のつけ方」や、身ぶり手ぶりで感情や意思を表現する演劇的表現「マイム」、容姿のタイプ、プロ意識のレベルなど、様々な点で違いがあります。

もしも、物語も振付もほとんど同じなのに、なんだか違うような気がしたら、その理由はテクニックのレベルだけでなく、メソッドやお国柄にもあるかもしれません。

なんといっても、バレエ芸術の礎を築いたフランスとロシアが誇る世界最高峰のバレエ団は外せません。

世界中の人々が憧れる永遠の花の都パリ。

貴族文化が花開いた、ロシアの芸術の都サンクトペテルブルク。

ロシア政治の心臓部でありながら美しい宮殿や広場やジュエリーが集まるモスクワ。

それぞれに君臨するバレエ団をご紹介しましょう。

パリ・オペラ座バレエ（パリ・オペラ座バレエ学校）

パリ・オペラ座（ガルニエ宮）を拠点とする「パリ・オペラ座バレエ」の歴史は、P39で触れたように、17世紀にルイ14世が創立した世界初のバレエの研究機関である「王立舞踊アカデミー」と、オペラの公演を行いバレエダンサーを育成する「王立音楽アカデミー」に始まりました。

これらは「パリ・オペラ座バレエ学校」のルーツです。**フランスバレエの伝統的な重**

みと革新的なバレエによる驚きが両立するのが特徴です。

たとえば、フランス映画の不朽の名作をバレエ化した「天井桟敷《さじき》の人々」では、様式美を重視するクラシックバレエとは異なり、様々な様式の踊りを組み合わせたり、客席やホワイエ（観客が幕間に休憩する場所）までも舞台と捉え、幕間でもバレエが続けられます。

マリインスキー・バレエ（ワガノワバレエアカデミー）

サンクトペテルブルクのマリインスキー劇場を拠点とする「マリインスキー・バレエ」は、貴族学校のバレエ教師として招かれたフランス人のメートル・ド・バレエであるジャン＝バティスト・ランデの働きかけによって18世紀前半に設立した「帝室舞踊学校」が始まり。主に王侯貴族が観劇を楽しみました。

のちの「ワガノワバレエアカデミー」です。

上品で繊細な踊りが特徴で、正統派の古典バレエの静謐な美しさは群を抜いています。

ロシアで初めて最高位のプリマバレリーナになったマチルダが、ロマノフ王朝の最後の皇帝ニコライ2世の愛人であったことは語り継がれていますが、ロシアのバレエは帝室の庇護のもと発展していきました。

ボリショイ・バレエ（ボリショイバレエアカデミー）

モスクワのボリショイ劇場を拠点とする「ボリショイ・バレエ」は、なんと18世紀後半にエカテリーナ2世によって設立された「モスクワ孤児養育院」が始まりです。そこでは教育の一環として、孤児たちに一流のバレエ教育を受けさせました。

現在の「ボリショイバレエアカデミー」です。

また、王侯貴族のためのマリインスキー・バレエとは異なり、ボリショイ・バレエの観客はビジネス街であるモスクワのお金持ちたちだったので、踊りや演出などの内容は自由な環境で洗練されていきました。**ダイナミックで華やかな踊りが特徴**です。

コレオグラファー

振付家であり演出家

振付家ともよばれる「コレオグラファー」。振付だけでなく、物語の解釈、配役、音楽、衣裳、装置、照明に至るまであらゆる視点を踏まえて、総合的に演出する役割を担っています。

実はバレエには、1つの作品に複数の「版」が存在します。「版」とは、どのコレオグラファーの解釈でつくられた作品なのかということ。コレオグラファーの名前をとって「○○版」とよばれ、そのコレオグラファーによる解釈でつくられた作品であることを表します。**同じ演目でも、コレオグラファーによって解釈も表現も異なり、部分的あるいは全体的に、物語も衣裳も音楽も雰囲気も変わるのです。**

たとえば「白鳥の湖」（P122参照）では、王子様が踊りによって悪魔を倒す場合や、白鳥オデットも王子様も湖に身投げして2人の愛の力で悪魔を倒す場合があります。また、「ジゼル」（P72参照）では、アルブレヒトがジゼルのお墓に持ってくるお花が、白い百合だったり白い薔薇だったりします。

いくつかのバレエ団がレパートリーに同じ演目を持っていても、どの版かはバレエ団によって異なる場合があるのです。

ちなみに、「椿姫」（P114参照）は「ノイマイヤー版」[*1]が有名。全編ピアノ1台の伴奏で通すショパンの音楽は、まるで「椿姫」のために書かれたようだというバレエ評論家もいるほどです。また、「椿姫」を元にした「マルグリットとアルマン」というバレエもあり、これは「アシュトン版」[*2]が有名で、音楽は「ピアノの魔術師」とよばれたリスト（フランスのロマン派のピアニスト）が手がけています。

＊1 ノイマイヤー
ジョン・ノイマイヤー。アメリカのバレエダンサー・振付家。

＊2 アシュトン
フレデリック・アシュトン。イギリスのバレエダンサー・振付家。

17世紀までは、音楽家がコレオグラファーを兼ねていました。中でも、フランスのピエール・ボーシャンは、ヴァイオリニストでありながらコレオグラファーであり、バレエの名手でもあり、ときには指揮者にもなって王様を喜ばせたそうです。

時代や人との巡り合わせが新しいバレエを生む

コレオグラファーは、過去のコレオグラファーがつくった版をベースに、新しい自分の解釈を積極的にとり入れながらバレエを進化させていきます。当然のことながら、そこには時代性やバレエダンサーとの出会いも大きく関わります。

コレオグラファーが変わると物語も演出も変わり、まったく印象の異なるバレエに仕上がることも多くあります。観る側はバレエを通して、コレオグラファー自身の魅力も感じとることができます。こうした**演出の違いを観比べるのも、バレエの楽しみ方の1つ**です。

このようにバレエは生ものです。同じ演目でも様々に楽しめて、その楽しさはバレエが滅びない限り永遠に続くのです。

メートル・ド・バレエ

バレエ団の顔

「メートル・ド・バレエ」とは、バレエ団の公演で踊られるバレエについての責任者のこと。これはフランス語で、英語ではバレエ・マスター（男性）またはバレエ・ミストレス（女性）といいます。

「芸術監督」という役職が登場する20世紀半ばまで、メートル・ド・バレエはコレオグラファーとバレエ団の責任者を兼ねていたそうです。

芸術監督は、バレエ団の考えや好みや方向性を決定し、レパートリーを決めたり、バレエダンサーの起用を決めたり、運営までも担うバレエ団のトップ。

たとえば日本では、先にご紹介した熊川哲也や吉田都などがそれぞれの所属バレエ団の芸術監督を務めています。バレエ団の顔となるため、**世間での高い知名度も必要です。**

メートル・ド・バレエも芸術監督も、国や時代やバレエ団によって定義が異なり曖昧。コレオグラファーやバレエダンサーを兼任することもあります。

メートル・ド・バレエや芸術監督は、バレエ団の雰囲気や方向性に影響を与えるので、その人柄や思想を知ると、また一段と深くバレエを味わえると思います。

バレエの歴史を変えた2人

バレエの伝統的な振付や思想に変革をもたらして名を残したメートル・ド・バレエがいます。フランスとロシアから1人ずつご紹介しましょう。

まずはフランスから。18世紀後半に活躍した舞踊理論家で、「近代バレエの父」といわれているジャン＝ジョルジュ・ノヴェールです。

彼は、まだウィーンにいた子どもの頃のマリー・アントワネットにバレエを教えていたこともあり、フランス王妃となった彼女に招かれて王立音楽アカデミー（現在のパリ・オペラ座）のメートル・ド・バレエとなります。

彼はまた、「バレエ・ダクシオン」という新しいバレエを提唱する人物の1人でもあり、オペラの一部に附属する単なる踊りではなく、**一貫したテーマを持つ物語性のある演劇的なバレエを目指しました。**そして、バレエを絵画に見立てて捉え直した自身の新しいバレエの思想と理論を、著書『舞踊とバレエについての手紙』にまとめています。

次はロシアから。19世紀に活躍したバレエダンサー・振付家で、「クラシックバレエの父」といわれているフランス人のマリウス・プティパです。**フランスのロマンティックバレエの伝統を守りながらバレエを進化させて、ロシアのクラシックバレエに繋ぐ成果を残しました。**

バレエダンサーとして活躍した後は、ロシア帝室劇場にメートル・ド・バレエとして招かれます。そして、帝室劇場の支配人から皇帝への働きかけにより、多額の予算がオペラと同じようにバレエにも割り当てられるようになると、チャイコフスキーの助けを借りて、数々の傑作を生み出し、まるでシンフォニーのように壮大で豪華なバレエを完成させ、ロシアのクラシックバレエを確立させました。

バレエダンサー

たゆまぬ努力を積み重ねる芸術家

バレエダンサーは、恵まれた才能をたゆまぬ努力の積み重ねによって伸ばし、華々しい結果を残します。彼らの踊りは血と涙と汗の結晶であり、想像を絶する努力の賜物です。そして、芸術家として1人ひとりがバレエ哲学を持って日々バレエに真摯に向き合い、感動的なパフォーマンスを見せてくれます。

観客の心を掴むためには、単に高度なテクニックを披露すれば良いというわけではありません。多くの人々を虜にするスターダンサーには、ほかのダンサーとは違った強烈な「個性」があります。

また、物語や作品への理解も必要になります。バレエの伝統や慣習を踏襲して踊っていても、ダンサーが物語や役柄、作品自体をどのように解釈して踊っているのか、その解釈によってバレエは違うものに見えます。

そのような違いは、「型」から滲み出るのではないでしょうか。バレエには、脚や手のポジションやステップ、回転、ジャンプなどに様々な「型」があります。その限定さ**れた型に則ってバレエを踊ったときに表れる、ほかのダンサーとは違う、〝そのダンサーらしさ〟が、「個性」であり「表現」**なのです。

天性の魅力や才能が備わった上で、バレエダンサーは型の修練を積み重ね、体とともに感性も洗練されていきます。そうしてバレエを追求し続け、個性的で表現力豊かな素晴らしいバレエダンサーに成長し、やがて多くの人を魅了するようになるのです。

バレエダンサーへのいばらの道

多くの劇場には、附属のバレエ学校があり、附属のバレエ団で将来活躍できる優秀な人材を育てています。

バレエ学校の卒業時には、附属のバレエ団のオーディションを受けますが、合格しなければそのバレエ団に入団することができません。バレエ団に所属するというのは、内部生にとっても狭き門なのです。

バレエ団への門戸は、附属のバレエ学校の生徒以外にも開かれています。附属のバレエ学校に入っていない人が入団するには、バレエ団のオーディションを受けて合格するか、権威あるコンクールで優秀な成績を収めてスカウトされたり、バレエ学校へ留学する権利をもらう方法があります。

そのようなコンクールの1つで、**世界で活躍するための登竜門でもある「ローザンヌ国際バレエコンクール」**については、日本でもテレビのニュースでとり上げられるようになりました。Kバレエの芸術監督を務める熊川哲也や、新国立劇場バレエ団の芸術監督を務める吉田都が、このコンクールで受賞後、世界を舞台に活躍し、現在は日本のバレエ文化を育てています。

昔は、日本人が海外のバレエ学校に入学することは非常に稀で難しいことでした。このようなコンクールの存在がなければ、日本人ダンサーが世界で頭角を現すことは難しかったはずです。

バレエダンサーとしての限られた時間

バレエは舞踊、音楽、舞台美術、衣裳、文学からなる総合芸術であるとはいえ、踊りあってのバレエです。ですから、バレエ公演の評判を左右するスターダンサーの存在は特別に大きく、バレエ関係者や観客の注目を集めます。

スターダンサーに限らず、すべてのバレエダンサーにおいて、その容姿、身体能力、心身のコンディション、表現の成熟度は、瞬間瞬間に変化して一定ではありません。それぞれの**ダンサーの踊りは、その絶頂期を境に、日々成長あるいは衰退しているの**です。

さらに、バレエダンサーはアスリートのように体を酷使するので、ほかのどのジャンルの芸術家と比べても、物理的な限界を若くして迎えます。また、怪我などでバレエが踊れなくなることもあります。もちろん、ダンサーを引退後にもバレエに携わる人はたくさんいますが、バレエダンサーとしての人生は短命です。

今まさに絶頂期を迎えているダンサーの生き生きと輝いたバレエを観ておきたい、目まぐるしい成長を見せているダンサーの成長過程を見届けたい、円熟期ではあるけれど引退することになったダンサーの最後の姿を心に留めておきたい……。バレエダンサー人生の儚さを思うと、そんな気持ちも芽生えてくるでしょう。

バレエの型

体系づけられたポーズや動き

バレエの基本となるポーズや動きは、すべてが体系化されていて機能的なため、バレエ以外のダンスやスポーツでも基本的なトレーニングとしてよくとり入れられます。

17世紀、祖父の代から王様に仕えるヴァイオリニストで、ルイ14世のバレエ教師でもあったピエール・ボーシャン（P98参照）が、「脚のポジション」をはじめとする〝バレエの基本〟を体系づけて明確にしました。バレエを踊るためには、まずこの1番から5番までの脚のポジションで真っ直ぐに美しく立てなければいけません。

バレエには「脚のポジション」、「腕のポジション」、「ポール・ド・ブラ」とよばれる腕の運び方、「アン・ドゥオール」とよばれる脚をつけ根からつま先まで外側へ完全に開く動き、などの**決まったポジションや動きがあり、それらにバランスとステップと**

ジャンプを組み合わせて踊りにしていきます。

バレエダンサーは幼少期から、決まった体の動かし方から演劇的な表現力までを、レッスンで段階を追って習得していきます。そのため、レッスンの構成も決まっています。まず最初は、脚のポジションに立って膝を曲げる動き「プリエ」の練習から。それを1番から5番まで脚のポジション順に行います。次は、「タンデュ」の練習。1番の脚のポジションに立ち、片脚を軸にして、もう片方の脚を床から離さずに前・横・後ろに出して伸ばします。これは1番と5番で行います。

このようにして脚のポジションを起点とした様々な動きを習得していきます。

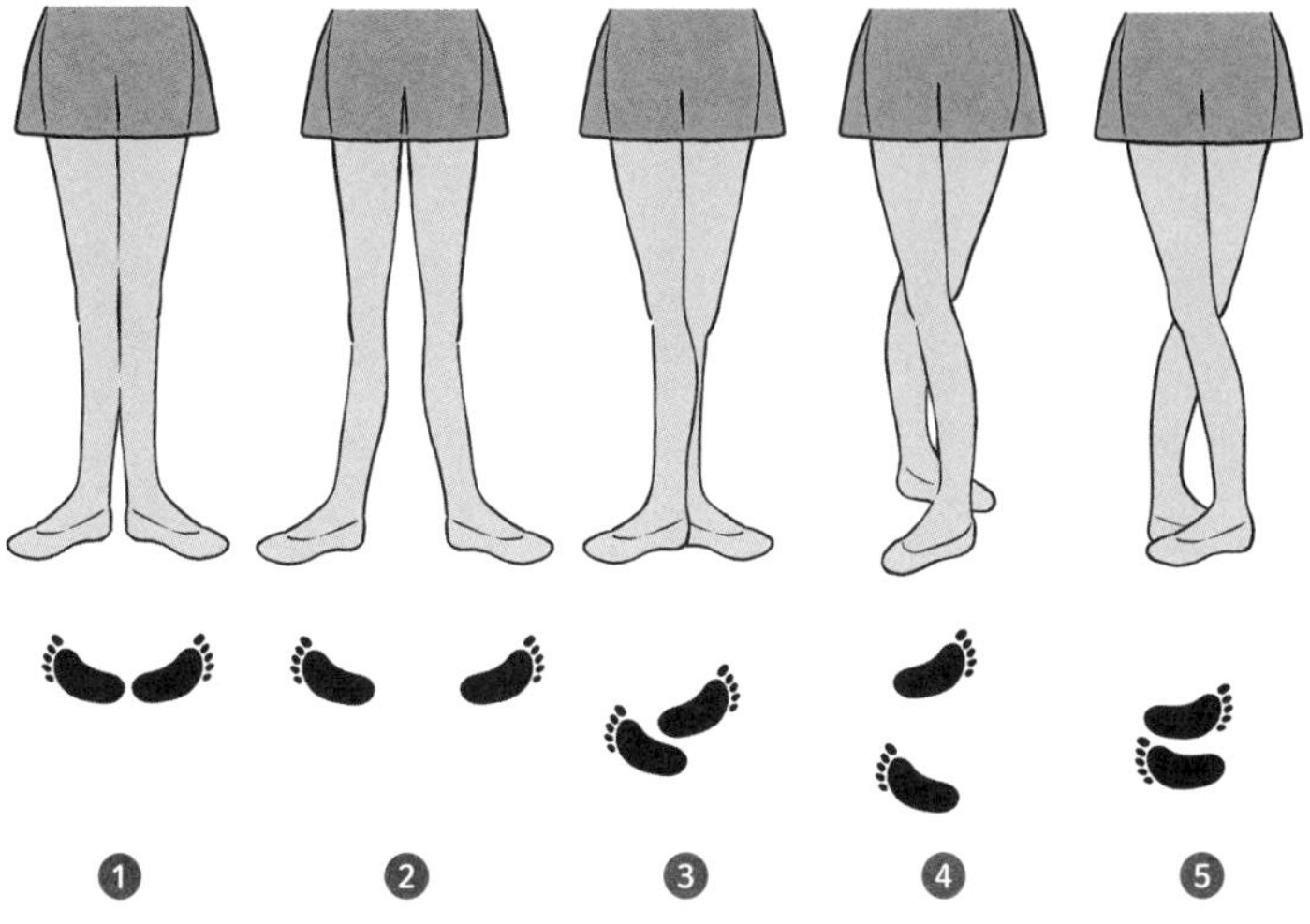

脚のポジション
図下の足裏を真似して立つと、前から見たとき、図上の立ち姿になるイメージです。つま先と膝は外側に開き、お尻を締めて、おへそから上に引き上げるように意識して、しっかりと床を踏んで立ちます。

口承で受け継がれてきたバレエの基本の動きは、研究され体系的にまとめられて、〝バレエの型〟となりました。

型から滲み出る個性

バレエにはいくつかのメソッドがあります。たとえば、ロシアのワガノワメソッド、パリ・オペラ座バレエのオペラ座メソッド、イタリアのチェケティメソッド、英国ロイヤルバレエのRADメソッド。

メソッドとはバレエの教授法のこと。これが違うと、顔のつけ方や手の向きなど体の動かし方も変わり、型や踊りのスタイルやニュアンスにも違いが出ます。

たとえば、ワガノワメソッドのポール・

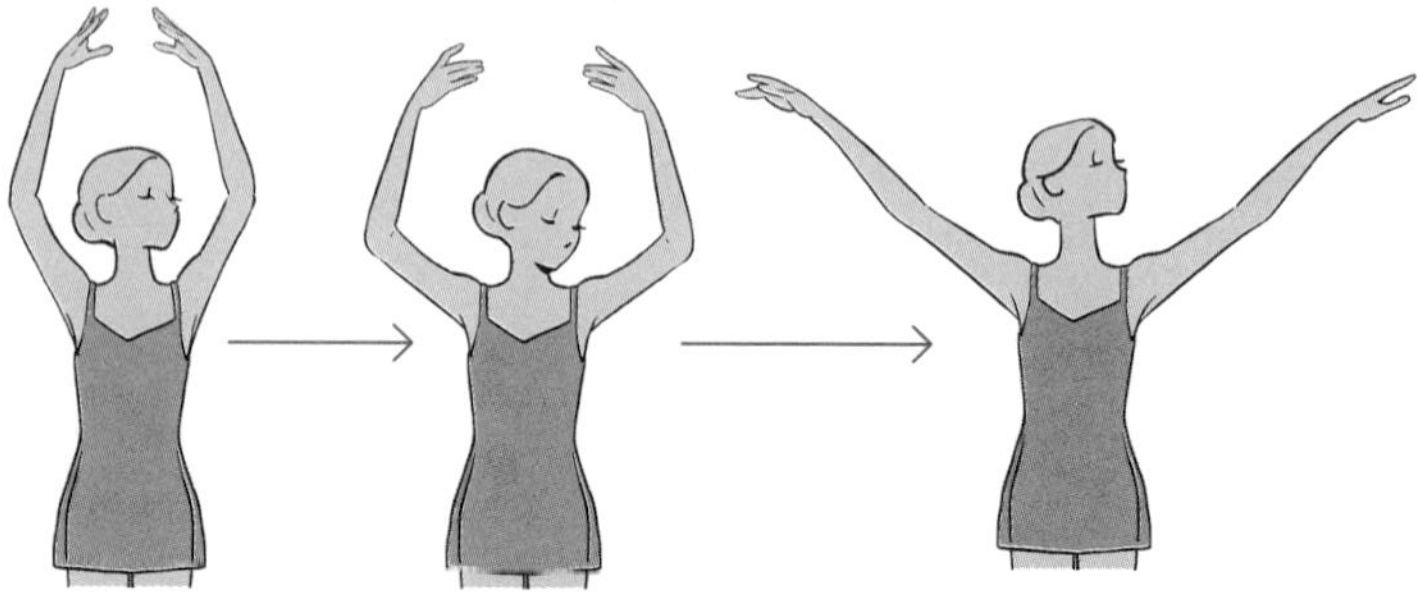

ワガノワメソッドのポール・ド・ブラの一例「アンオーのアロンジェ」
頭の上に腕で楕円形をつくったアンオーのポジションから、腕をふんわり開いて優雅に美しく腕を伸ばすアロンジェのポジションへ動かします。ポール・ド・ブラには法則がたくさんあり、腕をポジションからポジションへ運ぶときの軌道も決まっています。バレエは腕でも演じるのです。

ド・ブラ（腕の運び方）の指導では、腕の動かし方を花に例えます。腕を外側へ動かすときは花が開くように、顎を少し上げるように動かして華やかさを表現し、内側へ動かすときは開いた花が閉じていくように、顎も目線も落として少し暗く弱々しいニュアンスを表現します。

メソッドに違いはあっても、バレエダンサーは幼い頃から日々レッスンに励み、それぞれの厳格なメソッドの型が体にしっかりと染み込んでいます。

型が身につき自在に操れるようになると、それを高度なテクニックに応用できるようになります。また、型に則って踊ることで、より深みのある感情や個性の表現ができるようになるのです。

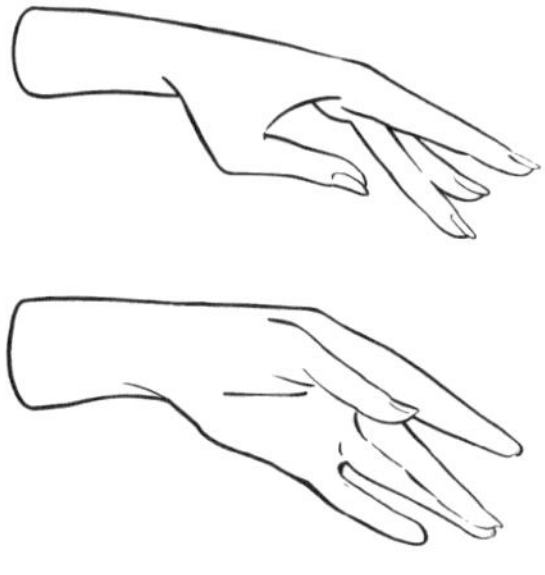

基本の手の形

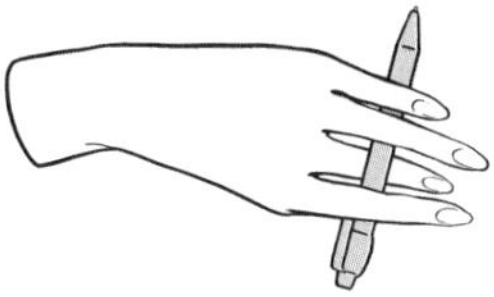

ペンで練習

バレエの基本の手の形と練習方法
バレエを踊るときは、常に指の先まで美しいことを意識します。
真似すれば、所作が丁寧で美しく、品の良い印象になるでしょう。
練習方法：人差し指と薬指の2本と中指の間にペンを挟み、親指は内側へ向けます。

バレエを扱った映画・ドラマ・マンガ・アニメ・小説

いきなりバレエ鑑賞はちょっとハードルが高い、あるいはバレエのことを手軽にもっと知りたい……という人には、映画やドラマ、マンガ、アニメ、小説などから入ってみるのもおすすめです。いくつか作品をご紹介します。

・映画「マチルダ 禁断の恋」（ロシア製作）

ロマノフ王朝の皇太子とロシア帝室バレエのバレリーナの悲恋物語。

帝政ロシア最後の皇帝ニコライ2世は皇太子時代、のちのマリインスキー・バレエであるロシア帝室バレエの最高位プリマ・バレリーナのマチルダと愛し合っていましたが、彼は身分にふさわしいヘッセン大公国（現在のドイツ）の大公女と結婚します。

皇太子とバレリーナの恋愛ドラマと、1人のバレリーナの輝かしい人生の舞台裏が、ロマノフ王朝の絢爛豪華な宮殿、劇場、儀式、衣裳、バレリーナたちによって彩られ、ドラマティックに綴られていきます。

・映画「ブラック・スワン」（アメリカ製作）

ニューヨークのバレエ団に所属しているニナは、プリマ・バレリーナに抜擢され、次の公演の「白鳥の湖」の主役（白鳥と黒鳥の一人二役）を与えられます。まだ少女のように清純なニナは、同じような性格と雰囲気を持つ清純で貞淑な白鳥役は踊れても、正反対の腹黒くて妖艶な黒鳥役は上手に踊れませんでした。黒鳥役を全うできるのか、監督に与えられる性的な課題、ライバルのバレリーナたちの視線、ステージママの母親による干渉……。その不安と焦りとプレッシャーは恐ろしい幻覚となり、現実との境界を曖昧にしてニナに忍び寄ってきます。

バレリーナの心の中にある恐怖や苦しみが映像化された、これまでにないバレエ×ホラー映画。

・ドラマ&マンガ&ミュージカル
「ナビレラ ―それでも蝶は舞う―」（韓国製作）

韓国語で「ナビ」は蝶のこと、「ナビレラ」は蝶のように美しく羽ばたくという意味。この言葉は、バレエダンサーが美しく舞い踊る姿や、夢に向かって美しく羽ばたくバレエダンサーの姿を想像させます。

幼い頃からバレエに憧れていた70歳のドクチュルと、人生に迷うバレエダンサー、23歳のチェロクの2人が、次第に心を満たし、同時に友人として、同志として、絆を深めていく物語。ドクチュルは、郵便局を定年退職した後、つまらない毎日を過ごしていました。ある日、ドクチュルがバレエを踊る青年チェロクを見かけたことをきっかけに、2人はバレエに打ち込み、夢を情熱的に追いかけ始めます。

原作は韓国のwebマンガ「ナビレラ」で、絶大な人気を誇ったのちにドラマ化、ミュージカル化されました。韓国ドラマ「ナビレラ —それでも蝶は舞う—」はNetflixで視聴した日本人にも絶賛され、日本でもドラマ化、ミュージカル化、マンガ化されるほどの人気があります。

・マンガ&アニメ

『ダンス・ダンス・ダンスール』

世界で活躍するバレエダンサーを目指す男の子の物語。中学2年生の村尾潤平は、子どもの頃に姉のバレエの発表会を観に行きました。そこで、男性のバレエダンサーが男らしく芸術的にバレエを踊る姿を観て深く感動し、バレエを踊るようになります。ある日、転校してきた美少女の五代都が彼の才能を見出し、彼女の母親のバレエ教室に連れて行ったことで、潤平は本格的にバレエに打ち込み、才能を開花させていきます。

登場人物たちのほとばしる情熱やバレエ観を楽しめるのもさることながら、秀逸なギャグセンスには、つい笑い声が漏れてしまいます。これほど胸が熱くなって、鳥肌が立って、涙が止まらなくて、笑えるバレエ漫画はほかにありません。ジョージ朝倉の青春バレエマンガ。

・小説『舞姫』

空前のバレエブームに湧いていた戦後の東京と北鎌倉を舞台に繰り広げられる家庭小説。

かつてプリマドンナ（主役のバレリーナ）を目指していた波子は、バレエ教室を主宰しながら娘をプリマドンナにするという夢を抱きつつ、家庭を支配する夫と、母に憧れる娘と、父を尊敬する息子のいる家庭を守っていました。一方で、かつての恋人である竹原とプラトニックな不倫関係を続けていたのです。大学教授の夫と裕福な家庭に育った妻、プリマドンナを目指す娘、大学生の息子、それぞれに孤独な4人家族が徐々に崩壊していく恐ろしい物語。

夫婦の会話の中にバレエの話題があったり、帝国劇場でのバレエ鑑賞のシーンでは舞台の描写や母娘の抱く感想が書かれていて興味深いです。

これは有名な森鷗外の『舞姫』ではなく、川端康成の『舞姫』です。川端康成はノーベル文学賞を受賞し、美しい文学的表現が人気の日本を代表する文豪ですが、バレエやオペラや宝塚歌劇など舞踊が大好きだったということでも有名です。

川端康成のバレエ観を感じながら展開する、バレエを題材とした小説には、『舞姫』のほかに『花のワルツ』があります。名著『雪国』には、登場人物にバレエなど西洋舞踊を専門とする舞踊批評家が描かれています。また、バレエ化はされていませんがオペラ化されている『眠れる美女』と『無言』も、バレエ好きに読んでもらいたい作品です。

Part 4

次に観るなら
この
バレエ作品

美しいものを表現するには
上品でなければならない

熊川哲也
（日本のバレエダンサー、コレオグラファー、Kバレエ芸術監督）

椿姫

大人っぽくてお洒落で艶やかに美しい

19世紀フランスの恋愛

原作は19世紀フランスの恋愛小説『椿姫』。フランスの小説家・劇作家のアレクサンドル・デュマ・フィスが**実体験を元に書いた長編小説**です。

「愛してる！」という叫び声が聞こえてきそうな、身分違いの若い男女の情熱的で苦しい悲恋物語。当時の保守的な社会と、悦楽的な夜の裏の社交界を行き来する、若い2人の考えや心情が露わになって迫ってきます。

激しい純愛と苦悶に涙が込み上げてくる人も多いでしょう。そして鑑賞後は、人間の心の機微を、バレエはここまで表現できるものなのか、としみじみ感じ入る作品です。

「椿姫」はプロローグと1～3幕の構成です。

プロローグでは、パリで最も美しいと評判だったクルチザンヌ（高級娼婦）のマルグリットが亡くなり、彼女が暮らしたアパルトマンでオークションが開かれています。

部屋に訪れる喪服を着た人々の中には、しげしげと目ぼしい遺品を見定めたり、マルグリットの思い出の品や部屋を見回しながら彼女に想いを馳せて涙をこぼす人もいます。

そこへ、貴族の青年アルマンが慌てた様子で駆け込んできます。

1幕では、最愛のマルグリットの死をひどく悲しむアルマンが、彼女を愛した日々を回想しながら、父親に彼女との関係について告白を始めます。

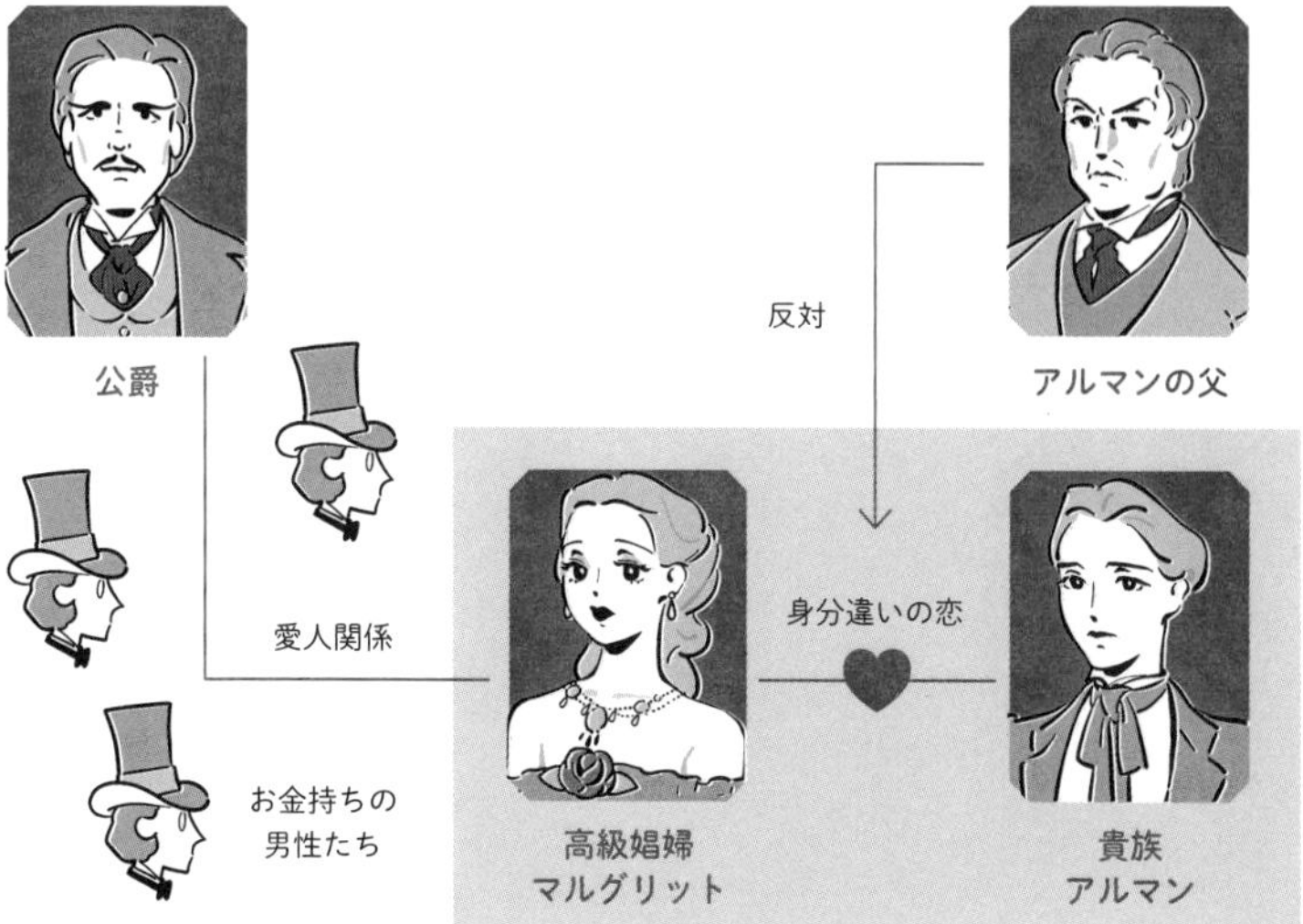

相関図
貴族の青年アルマンと高級娼婦のマルグリットは相思相愛でも、
アルマンの父親は2人の恋愛に反対しています。純粋で犠牲的な恋愛模様に涙が溢れます。

バレエ「マノン」が上演されていたパリのヴァリエテ座で2人は初めて出会い、まるで「マノン」に登場する恋人たちのように情熱的な恋をします。

劇中、作曲家のショパンが、恋心を寄せていた女性のためにつくった美しくて切ない「ピアノ協奏曲第二番」が流れ、観客は物語に引き込まれていきます。

2幕では、マルグリットのために、お金持ちのパトロン（愛人）である公爵が、パリ郊外に別荘を用意してくれます。ところが、マルグリットは公爵の目を盗み、その別荘でアルマンと贅沢な生活をしながら愛を育みます。

そこへ、アルマンの父親がアルマンのいないときに現れ、息子と別れるようにマルグリットを説得します。こうして、身分の違う2人は引き裂かれてしまうのです。

3幕では、真相を知らないアルマンが、自分を捨てたマルグリットを侮辱して追い詰めます。実はこのとき、マルグリットは病に侵されていました。追い詰められた彼女の命はついに尽きてしまいます。

マルグリットの死後、アルマンは彼女の部屋で、彼女が書いた日記を読み、事の真相や、マルグリットの愛と孤独など、すべてを知ることとなりました。

椿の花が象徴するもの

バレエの中で、マルグリットのドレスの胸元には、いつも赤い椿の花がついています。椿の花は、彼女のモデルとなった実在の人物マリー・デュプレシが愛した花だといわれています。マリーは気品と教養を兼ね備えた美貌のクルチザンヌでした。

マリーは実際に劇場に出かけて愛人を探すときの目印として、生理の日は赤い椿を、生理ではない日は白い椿をつけていたそうです。

胸元に椿の花をつけた美しい高級娼婦マルグリット
夜な夜な繰り広げられる華やかなパーティーで、お金持ちの男性たちに囲まれる生活。
肩を露出させたドレスと高価なジュエリーを身につけたマルグリットは、裏の社交界の花でした。

椿は日本のお花です。18世紀にヨーロッパへ伝えられ、19世紀には王侯貴族や知識人たちの間で人気となりました。とても高価なものでしたが、舞踏会には欠かせないお花だったようです。

椿は、見た目は華やかですが、香りがないことから慎ましさを感じさせます。当時のヨーロッパの王侯貴族たちは、そこに日本人のイメージを重ね、**椿のことを「日本の薔薇」ともよんだ**そうです。

ディアギレフの友人でもありパトロンでもあったココ・シャネルは、「椿姫は私の人生だった」という言葉を残すほど、若い頃から小説『椿姫』を愛読し、影響を受けていたといいます。

また、彼女は花束よりも1輪の椿を好みました。

いまや世界的メゾンとなったシャネルのアイコンである白い椿は、世界中の人々に「白い椿といえばシャネル」と連想させるほどシンボリックな存在になっています。

郊外の別荘で過ごす〝余暇〟

18世紀末から産業革命が起こったイギリスでは、貴族たちが〝余暇〟を様々に楽しみ始めました。

余暇は、やがてヨーロッパ中の貴族たちに広まっていきます。フランスでは、18世紀に啓蒙思想家のルソー[*1]が**「自然に帰れ」**と唱え、19世紀初めにロマン派の詩人たちが同様の思想を訴えます。

産業革命と思想の流行によって〝余暇〟という概念が生まれると、ヨーロッパの貴族たちは自然の中で散歩や、テニスやスキーなどのスポーツ、ハイキングや登山など、癒されるためのレクリエーションを見つけていきました。

*1 ルソー
ジャン＝ジャック・ルソー。18世紀フランスの啓蒙思想家。実は、オペラ・バレエの作曲家でもあり、彼がつくったマリー・アントワネットとルイ16世の結婚式でも上演された「村の占い師」の曲のメロディーは、日本の童話「むすんでひらいて」の元となった。

避寒地に別荘を建てて、マルグリットとアルマンのように華やかな社交を繰り広げながら、自然にも触れて癒しの余暇を過ごすようになったのです。

ただし、それができたのは貴族やお金持ちだけでした。

ヨーロッパでは身近なオークション文化

オークションというと、100億円くらいする貴重な絵画やジュエリーが豪華な会場で落札されることを想像してしまいませんか。実は、ヨーロッパではオークションが昔から至る所で行われていて、誰でも気軽に参加できる身近な存在です。

マルグリットのような身寄りのない人が亡くなると、亡くなった人の遺産を管理し、債務などを清算する役割も担った破産管財人や相続財産管理人が、故人の遺品を出品するオークションを開いていました。

当時はオークションの出品カタログも、きちんとしたものがなかったでしょうから、「椿姫」のオークションシーンのように屋敷へ直接出向いて下見をしていたのです。

現在のような美術品のオークションは、16世紀にイギリスで始まり、17世紀になるとコーヒーハウスでも開催されていました。

18世紀には、オークションハウスのサザビーズとクリスティーズがロンドンに誕生し、美術品を中心に、家具やジュエリーのオークションがヨーロッパ中に広がります。

19世紀に入ってブルジョワジーが台頭すると、家庭で飾られる絵画の需要が高まり、フランスやイギリスを中心にオークションが頻繁に開催されていました。

いつ、誰が、どのようにオークションを始めたのかはわかりませんが、古くは古代ギリシア時代にも記録があり、紀元前500年頃のバビロニアでは、花嫁獲得のために毎年オークションが開かれていたようです。

ローマ帝国の時代には、戦利品として〝奴隷〟を出品する残酷なオークションもありました。奴隷はバレエ作品の「海賊」「クレオパトラ」「ラ・ペリ」にも登場します。

白鳥の湖

白鳥にされてしまった少女と王子様の永遠の愛

白鳥の乙女の伝説

世界中のバレエ団で踊られ、愛される不朽の名作。「3大バレエ」と「3大バレエ・ブラン」の1つでもあり、子どもの絵本の定番でもある「白鳥の湖」。子どもの頃に絵本を読んで感じていた世界とは異なり、しっとりと大人っぽい美しさが際立つロマンティックなバレエです。

「白鳥の湖」は全3幕。ドラマティックに展開します。

1幕の舞台はお城の庭園。集まった人々がジークフリート王子の成人のお祝いをしていました。日が暮れて、飛んでいく白鳥を見かけた王子様は、白鳥を追いかけて森へ向かいます。

舞台は変わり、真夜中の森の湖畔。王子様は白鳥が美しい乙女オデットに変身するのを目撃して一目惚れをしました。そして、オデットが白鳥になってしまう呪いを悪魔のロットバルトにかけられていると知り、その呪いを解くことをオデットに誓います。

2幕の舞台はお城の舞踏会。そこにきていた王子様の花嫁候補の中にオデットそっくりの娘がいて、王子様はその娘を花嫁に選んでしまいます。実は、彼女は悪魔の娘オディールだったのです。

3幕の舞台は再び森の湖畔。オデットがたくさんの白鳥たちと一緒に悲しんでいると、王子様が許しを乞いにきました。そこで2人は愛を確かめ合います。

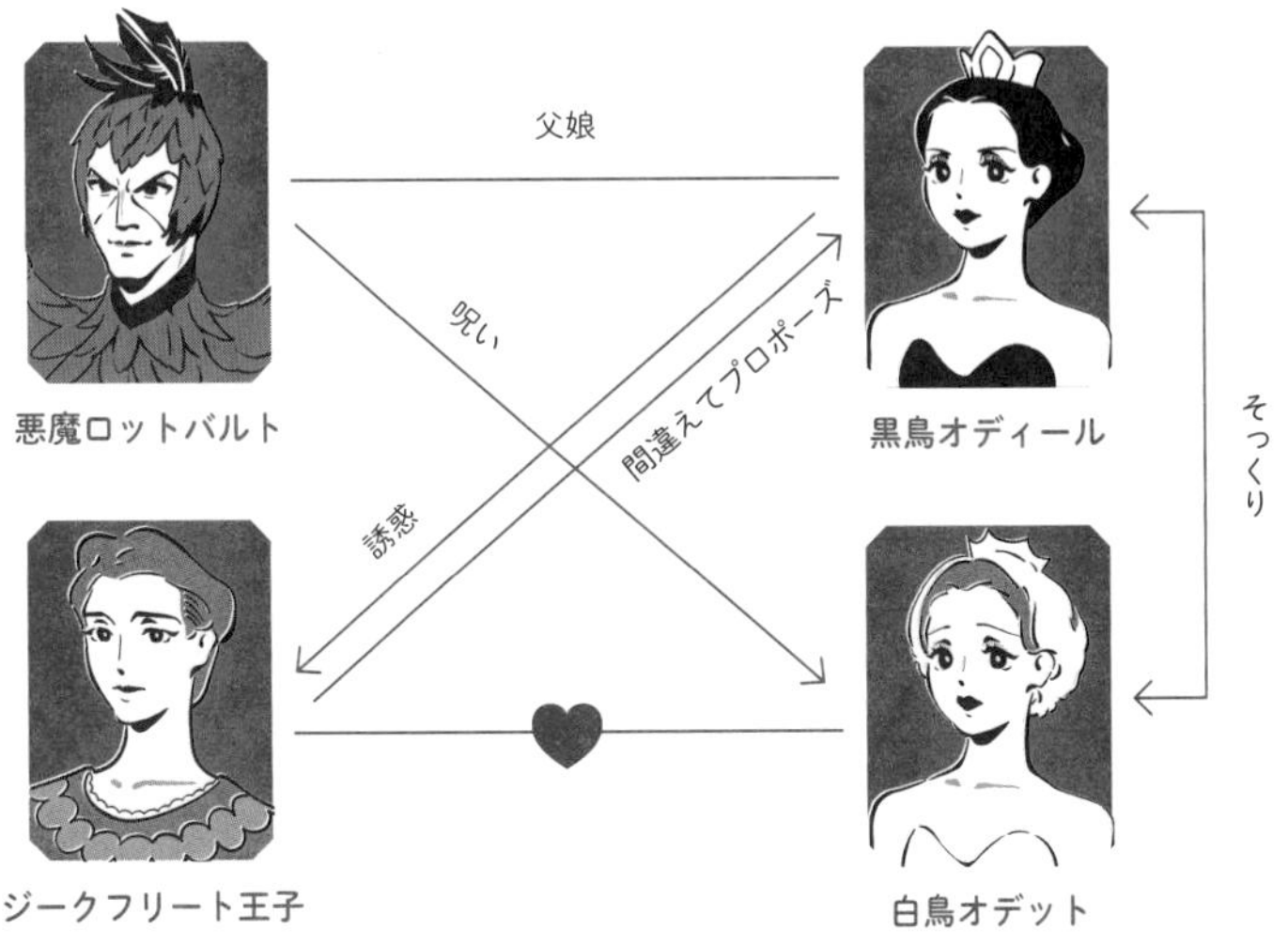

相関図
白鳥オデットとジークフリート王子の恋路を、悪魔の父娘が邪魔をします。
白鳥オデットと黒鳥オディールはダブルキャスト。別人格に見える演じ分けを楽しんで！

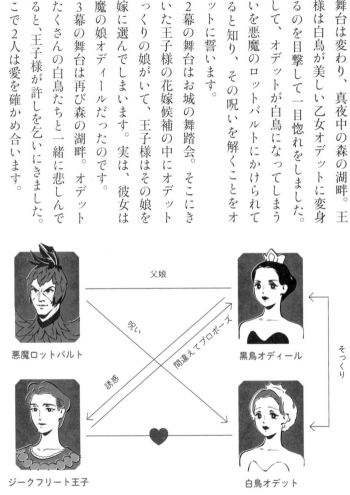

するとそこへ悪魔がやってきて、王子様と戦いになり、見事、王子様が悪魔を倒しました。オデットにかけられた魔法が解けて、王子様とオデットはめでたく永遠の愛で結ばれました。

想像を掻き立てるエロティシズムと誘惑

白鳥が曲線を描いて水浴びをする様子は、いつの時代のどの国の男性にも、エロティックな想像を掻き立てるようです。

白鳥の乙女の伝説は世界中にあり、そのほとんどは白鳥の乙女とその裸を目撃した青年が恋に落ちる物語。19世紀末、モスクワの芸術家たちが集まるサロンで

まるで白鳥のようなポーズをとるバレリーナ
バレリーナの動きは白鳥の姿と重なり、うっとりするほど美しい。しなやかな手脚の動きで、感傷的に艶やかに踊ります。白鳥の羽毛のようなヘッドドレスや衣裳が特徴的。

も人気の話題でした。

また、主人公の青年が貞淑なヒロイン〈真実の愛〉と蠱《こ》惑的な女性〈官能的な誘惑〉の板挟みになって思い悩むのは、ロマンティックバレエのお決まりの設定の1つ。現実の世界でもよく耳にする悩ましい問題で、いつの時代も男性たちが共感するものなのでしょう。

チャイコフスキーの初のバレエ音楽

「白鳥の湖」を作曲したのは、「バレエの神様」ともよばれるロシアの偉大な作曲家チャイコフスキー。この曲は、彼が初めてつくったバレエ音楽でした。

チャイコフスキーはバレエが大好きで、バレエ音楽を格下に見るような人を嫌ったそうです。

また、初演が失敗に終わったことを自分のせいだと思い悩み、10年以上もバレエから遠ざかっていたといいます。そのブランクののちにつくられたのが、すべてのバレエの最高傑作とも評される「眠れる森の美女」。

どれだけバレエ音楽のパイオニアともてはやされても、バレエ「シルヴィア」を作曲したフランスの作曲家ドリーブ[*2]あっての自分であるという謙虚な態度を見せ、ドリーブを尊敬して彼の音楽を知り尽くした上で自分のスタイルを確立していったそう。その音楽にとり組む姿勢にも魅力を感じます。

非現実的な美しさとシンフォニック（交響的）な美しさを兼ね備えたチャイコフスキーのバレエ音楽を聴くと、物語の幻想的な情景が目に浮かぶように描き出されます。物語のあらすじを頭に入れておく必要もないくらい。聴いてみれば、「バレエ音楽を芸術にまで高めた」というのはこういうことなのだと感じられるはずです。

バレエを政治的に利用したソ連

ロシア出身の偉大なコレオグラファーで、ニューヨーク・シティ・バレエを設立したジョージ・バランシン（P84参照）は、「どのバレエも『白鳥の湖』と名前をつけたら

＊2　レオ・ドリーブ
バレエやオペラの音楽で知られるフランスのロマン派の作曲家。優美で繊細な舞台音楽を残し、「フランスバレエ音楽の父」とよばれる。

商業的に成功するだろう」と話したそうです。それだけ、「白鳥の湖」という作品は世界的に有名であり、かつ観客が納得する美しいバレエであるということなのでしょう。

ちなみに、ヒトラーに並ぶ独裁者といわれている、20世紀前半に権力を握っていたソ連の最高指導者スターリンは、バレエが好きで、ボリショイ・バレエの「白鳥の湖」を欠かさず鑑賞していたといわれています。同バレエ団のバレリーナとの恋の噂もありました。

社会主義国家のソ連では、文化・芸術の言論と表現の自由は奪われ、バレエも政府に厳しく検閲されました。政府は、バレエやオペラやクラシック音楽などの伝統的な芸術を庇護しながら、国内外に対する政治的利用を強化したのです。**国家予算も最優先で割り当てられ、バレエは高いレベルを保ちました。**

ソ連のバレエが世界一であることに国民は誇りを持ち、政府はバレエを最も重要な文化遺産と捉えつつ、政治的にも利用するため国力を注いだのです。

パキータ

スペインの美しいジプシー娘は実はフランスの貴族だった

スペインとフランスの香り漂う物語

「パキータ」は全2幕。

1幕の舞台は、ナポレオン率いるフランス占領下スペインのサラゴサの村のお祭り。ジプシーの娘パキータと、将軍の息子でフランス将校のリュシアンは、そこで出会い惹かれ合います。

パキータに恋するジプシーの首領イニゴは、リュシアンがパキータの血筋を疑っているのを察して、彼女が肌身離さず持っている、父親の顔が描かれたメダイヨン[*3]を盗みま

*3 メダイヨン
メダル型のジュエリーのこと。円形や楕円形のジュエリーで、中に髪の毛を入れたり、小さな肖像画をセットしたものがある。

す。また、祖国を占領したフランス軍を憎んでいるサラゴサ知事とともにリュシアンを殺そうと企みます。

2幕では、パキータがリュシアンを救い出し、メダイヨンもとり返し、2人はリュシアンの父親である将軍の壮麗な舞踏会へ向かいました。そこでパキータは、メダイヨンに描かれた父親と同じ顔をした貴族の肖像画を見るのです。

実は、彼女はフランス貴族の娘で、リュシアンのいとこだと判明し、一族に迎え入れられてリュシアンと結ばれます。

スペインの強烈な香りとフランスの上品な香りが織り交ざった物語。

相関図
スペインのジプシー娘パキータと、フランスの将校リュシアンは相思相愛。
のちに、パキータがフランスの貴族の娘だったことが判明し、2人は結婚します。

パントマイムと民族舞踊と宮廷舞踊

暖炉のある小さなジプシーの家で、毒入りワインでもてなされるリュシアンを、パキータがあの手この手で守ろうとするお芝居はスリリングで目が離せません。

登場人物たちが、まるで言葉や想いを翻訳しているかのように、パントマイムを使って踊りと組み合わせて表現する「パキータ」は、バレエ・パントマイムというジャンルの1つです。

バレエ・パントマイムとは、バレエとパントマイムで構成されるバレエのこと。ロマンティックバレエの頃、バレエとパントマイムが融合したことは、バレエがオペラから独立することに大きく貢献しました。

Part1で述べたように、ロマンティックバレエが表現するのは、幻想的な世界か民族的な世界がほとんどです。フランス人にとって遠い異国であるスペインを舞台とした「パキータ」は、異国情緒溢れるエキゾティックな情景を鮮やかに表現しています。

スペインの田舎では、ジプシーたちの情緒豊かなキャラクターダンスが踊られ、将軍

の舞踏会では、フランス宮廷の優雅なヒストリカルダンスが見られます。

キャラクターダンスとは、民族舞踊の要素や民族的な特徴をとり入れた踊りのこと。それぞれの独特なステップやリズムにのせて躍動感たっぷりに踊ります。マズルカ、チャルダッシュ、タランテラ、スパニッシュなどが有名。

ヒストリカルダンスは、ヨーロッパの宮廷舞踊を基本とした、バレエの動きやしぐさのルーツとなる踊りです。男性は女性をエスコートし、衣裳のラインを最も綺麗に出しながら、まるで本物の王侯貴族のように、優雅に気品ある態度で舞曲を美しく踊ります。メヌエット、ガヴォット、ロマネスク、アリマンダなどが有名。

キャラクターダンスもヒストリカルダンスもバレエには欠かせません。したがって、バレエダンサーはこれらの習得も必須です。

「パキータ」を代表するキャラクターダンスのマズルカは、ポーランドの民族舞踊を起源とする踊りで、19世紀のヨーロッパのサロンで人気を博しました。

ジュエリーに導かれる運命

パキータの持っていたメダイヨンは、ミニチュアールをセットしたものではないかと思います。ミニチュアールとは、とても小さな絵画のことで、王侯貴族にとってても大変贅沢なものでした。当時、メダイヨンのほかにも、指輪やブレスレット、嗅ぎタバコ入れなどのジュエリーにもミニチュアールはセットされました。

当時、**肖像が描かれたミニチュアールがセットされたメダイヨンを贈られるということは、描かれた人物と親密な間柄であることの証**です。それをイニゴに奪いとられたときのパキータの悲しみを想像すると不憫でなりません。なぜなら、パキータにとって離れ離れになってしまった家族との繋がりを感じられる唯一のものだったからです。パキータは父親の肖像が描かれたメダイヨンを肌身離さず持っていました。

そして、このメダイヨンのおかげで本当の家に帰ることができ、愛する人と結ばれたことから、ジュエリーに宿ると信じられている不思議な力も感じられます。

描かれるフランス貴族らしさ

19世紀にパリ・オペラ座で上演された「パキータ」の台本には、「その顔立ちの不思議な魅力、顔色の白さに気づく。それはヒターノたちの赤銅色の顔色と対照をなしているのだ」と書かれています。

ヒターノとはスペイン語でジプシーを意味しますが、リュシアンはパキータの顔を見つめていて、パキータの湛える愛らしさと肌の白さは、スペインのジプシーとは正反対のフランス貴族のものであると気づきます。そして彼が祖母にパキータを紹介すると、祖母もまた彼と同じように、パキータの容姿からフランス貴族らしさを感じとるのです。

現代の感覚からすると、なんとも差別的ですが、ヨーロッパの人が抱く貴族観の一端が垣間見られる描写です。

メダイヨンの父親と同じ顔の肖像画
パキータがリュシアンの宮殿の舞踏会で見た肖像画は、いつも身につけているメダイヨンの父親と同じだった！運命が大きく変わる瞬間に鳥肌が立ちます。

海賊

エキゾティックでたくましい海賊と美しいギリシアの奴隷の少女にくぎづけ

地中海に浮かぶ島のめくるめく世界

19世紀イギリスのロマン派の詩人ジョージ・バイロンの長編詩『海賊』に着想を得てつくられた、海賊と美しいギリシアの娘たちの豪華な冒険物語。

奴隷市場で奴隷としてオークションに出される娘たちが踊るシーンや、隠れ家の洞窟で海賊たちが男らしく、たくましく踊る賑やかな宴のシーン、花園で美しく若い娘たちがロマンティックに舞う、トルコ総督パシャの夢の中のシーン……。

物語の展開も速く、変化に富んだ様々なシーンが楽しめる賑やかなバレエです。

「海賊」は、プロローグ、1〜3幕、エピローグの構成です。

プロローグでは、嵐の中、海賊船が難破してしまいます。

1幕の舞台は、地中海の海辺の街。難破して気を失っていた海賊たちを、ギリシアの若い娘たちが助けます。海賊の首領コンラッドと、娘たちの中でも一際美しい娘メドーラは、一瞬で恋に落ちました。

その後、メドーラや、ほかの娘たちが、奴隷市場でお金持ちに売られそうになるのをコンラッドが助けます。

2幕の舞台は、海賊たちの隠れ家の洞窟。コンラッドたち海賊と、助けられた娘たちが宴を楽しんでいるところに奴隷商人が追いかけてきたり、海賊仲間に裏切られたりと、困難が続きます。そうこうしているうちに、メドーラが奴隷商人に連れ去られてしまいます。

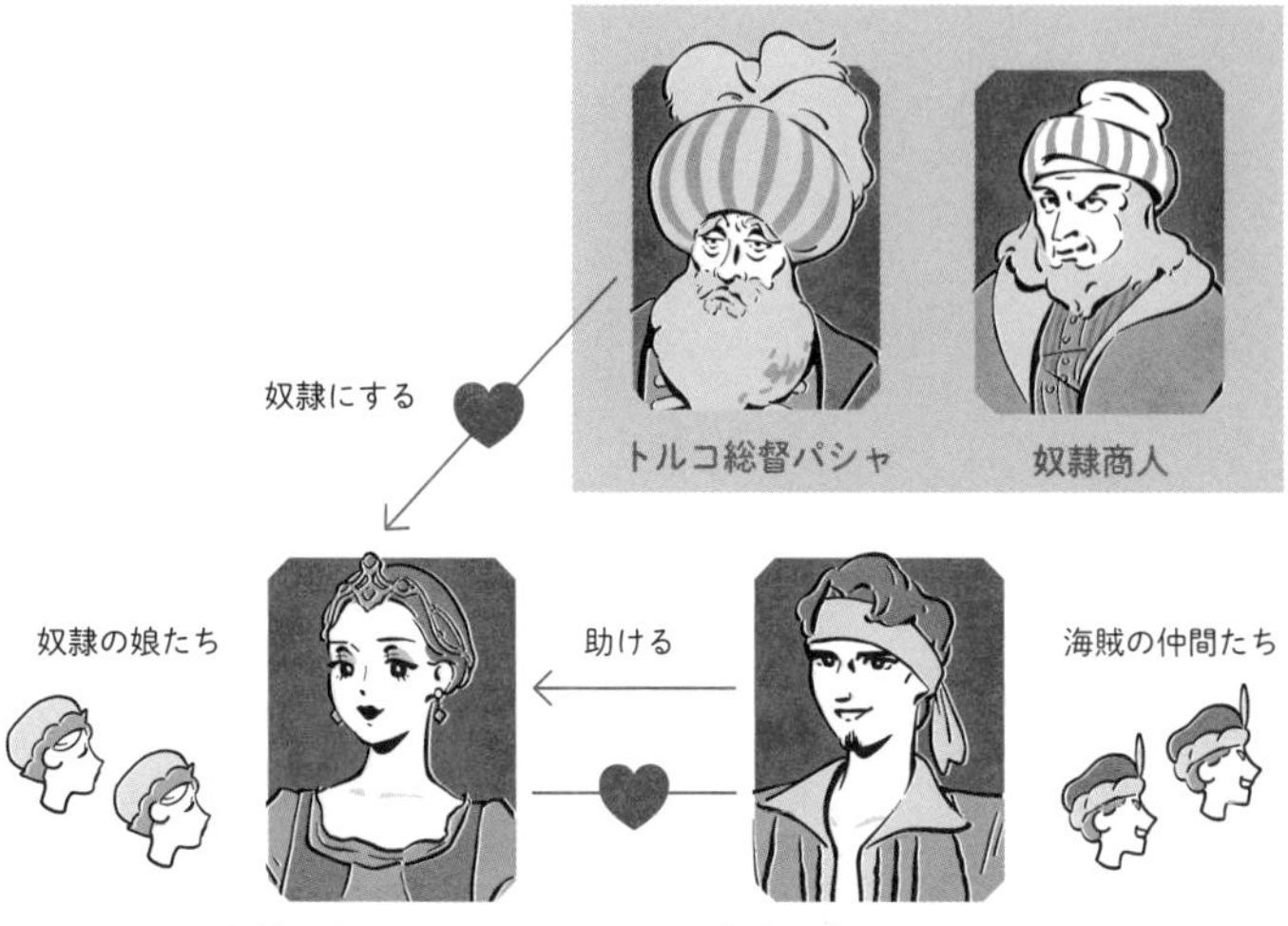

相関図
美しいメドーラが奴隷にされそうになるのを、男気溢れるコンラッドが阻止します。
愛情、友情、忠誠、裏切り……。複雑でスピーディーな展開に夢中になります。

3幕の舞台は、トルコ総督の宮殿のハーレム。囚われたメドーラは、同じ境遇にいるほかの美しい娘たちとハーレムで過ごしています。そこへコンラッドが巡礼者を装って侵入し、再びメドーラを助け出しました。

エピローグでは、コンラッド、メドーラ、そして仲間たちが、ともに船に乗って大海に出ていきます。

海賊の民主主義社会

子どもの頃に絵本を読んで、海賊は悪者だと信じてきた人も多いかと思います。ところが、海賊が登場する海外の文学作品を読んだり、バレエの「海賊」を観ても、海賊がさほど悪者扱いされていなくて、違和感を覚えたことはないでしょうか。

実は、中世のイギリスでは、エリザベス女王が海賊を雇ってスペインやポルトガルなどの外国船から真珠や宝石や金目のものを略奪させ、莫大な富を得てイングランド王国を強大な国に築き上げました。しかも、その後、**海賊行為を法的に認めていた**のです。

また、威圧的な上官の命令に耐える軍隊らしいスタイルの海軍とは異なり、海賊は船員の総意によって船長を決めたり財宝を平等に分けたりして、海賊団の中に自然と民主主義のルールをつくっていたようです。

貧困や肌の色を理由に国を失った後、自分で旗を立てて世界と戦い、大海原で過酷な状況を生き抜いていたのが海賊なのです。奴隷としてお金持ちの手に渡りそうになるメドーラを、コンラッドが数々の困難を乗り越えながら助けようとした理由は、恋心だけではないのかもしれないと想像できます。そう考えると、よりコンラッドたち海賊が魅力的に、素敵に見えてきますね。

弾けるエキゾティックな魅力と優美な花園

「海賊」はロンドンで初演され、パリ公演を経てサンクトペテルブルクに渡り、手を加えられて現在のエキゾティックな魅力溢れるスタイルになりました。民族的な踊りであるキャラクターダンスが多くとり入れられ、全体的に豪華に彩られています。

地中海沿岸の街の奴隷市場が舞台になったかと思えば、海賊の隠れ家になっている洞窟や、トルコ総督の宮殿が舞台になったりするなど、目まぐるしくシーンが変わり、登場人物もトルコ人や海賊、奴隷など、様々なキャラクターが次から次へと現れて踊ります。

「海賊」はロマンティックバレエの作品ですが、キャラクターダンスで高度なテクニックを見せることから、ロシアでやがて確立されるクラシックバレエの方向に試行錯誤を繰り返していたのだとも想像できます。

また、トルコ総督パシャが見る夢の中のシーン「生ける花園」は、女性中心の大きな踊り。大勢の女性たちが綺麗な衣裳に身を包み、ガーランド（花綱飾りの花輪）を手にして華やかに女性らしく踊ります。この**圧巻のコール・ド・バレエ（群舞）は、優雅で生き生きとした綺麗なお花そのもののように**感じられます。

甘く芳しい魅惑的な花は、ヨーロッパではエロティックなイメージを持ち、お花がたくさん咲く花園は男女の恋愛を連想させます。

2幕に、コンラッドと意見が対立した海賊の仲間ビルバントが、奴隷商人と結託してコンラッドを殺そうとするシーンがあります。メドーラに眠り薬をふりかけた花束を渡し、コンラッドに贈るように仕向けると、コンラッドは喜んで花束を受けとり、香りを吸い込むと、眠りに落ちてしまいます。コンラッドもお花の美しさと芳香に気の緩みが生じたと想像すれば、やはりお花には耽美的な魔力が潜んでいるように感じられます。

海賊の首領とギリシアの美しい娘による踊り
エキゾティックな衣裳と踊りが特徴。あらゆるバレエ作品の中でも、
最も男性ダンサーの魅力を堪能できる演目の1つ。男性ダンサーたちが力強くたくましく踊ります。

COLUMN

男性ダンサーによるコメディ・バレエ

アメリカにはダンサーが全員男性のバレエ団「トロカデロ・デ・モンテカルロバレエ」があり、男性ダンサーがポワントを履いて、古典バレエのパロディを踊ります。

コメディ・バレエとよばれるバレエですが、日本でこれをバレエだとする人はあまり見られません。たしかに、古典を大切にする人たちにとっては、行き過ぎの感があります。そういう意味で、「フォーマルなバレエ」ではないのかもしれません。

私も「フォーマルなバレエ」がやっぱり好きですが、たまに「カジュアルなバレエ」を観るのも、それはそれで新しい発見があって楽しいです。実際に、トロカデロ・デ・モンテカルロバレエには、敷居が高いと思われているバレエを親しみやすく表現することで、多くの人にバレエを楽しんでもらおうという目的もあるのです。

「カジュアルなバレエ」を踊る団体やダンサーも増えていますので、そちらもチェックしてみると、バレエを観るための視点が増えたり、世界が広がるかもしれません。

ちょっとマニアックですが、フランスにも「シコス・マンボ」という男性6人のダンサーによるダンスユニットがあります。パリにある劇場「テアトル・リーブル」を拠点とし、バレエなどのダンス、演劇、ユーモア、ビジュアルアートなど、あらゆるジャンルが融合した陽気なダンスを踊ります。

シコス・マンボを立ち上げた、ダンサー・振付・監督のフィリップ・ラフィーユは、「ニジンスキーの再来」ともいわれたバレエの天才ルドルフ・ヌレエフ[*4]や、アメリカのポップスターであるマドンナとも踊った経験があります。

バレエでは見られない、ボリュームのある変わったデザインのチュチュをつけて踊る作品「チュチュ」がおすすめ。フランス旅行の際にはぜひ、テアトル・リーブルに立ち寄ってみてください。

*4 ルドルフ・ヌレエフ
ウクライナ出身のバレエダンサー・振付家。キーロフ・バレエ（現マリインスキー・バレエ）に入団していたときのパリ公演中にフランスへ亡命し、西ヨーロッパのバレエに多大な影響を与えた。

Part 5

「好き」や「興味」から覗いてみるとバレエはもっと楽しい！

情熱はすべての美の秘訣です
情熱のない魅力的な美など、存在しません

クリスチャン・ディオール

（フランスのオートクチュールデザイナー）

劇場　建築やインテリアに興味があるなら……

バレエ団の拠点オペラハウス

オペラやバレエを上演する劇場は「オペラハウス[*1]（歌劇場）」とよばれます。海外のバレエ団には拠点とするオペラハウスがあるのが一般的です。

オペラハウスは、バレエ団、オペラ歌手、オーケストラ、それらの附属学校を抱えていて、オペラにバレエのシーンがある場合、拠点とするオペラハウスのバレエダンサーが出演します。このような繋がりもあって、拠点を同じくするバレエ団とオーケストラはともに、バレエ音楽の理解を日々深めています。

オペラハウスの運営母体には、国公立と私立（民営）があり、古くは王立劇場や帝室劇場もありました。かつてのフランスの王立劇場やロシアの帝室劇場は、王様や皇帝がいなくなった以降は、母体が国へと代わって国立劇場になっています。

アメリカのアメリカン・バレエ・シアターの拠点であるメトロポリタン歌劇場は、ニューヨークの大富豪たちによって設立された民営の劇場です。王侯貴族のいないアメリカでは、大富豪がパトロンとなり舞台芸術を庇護しました。

歴史の重みを感じる異空間

オペラハウスというと、平土間と垂直に重なるバルコニー席で囲む馬蹄型[*2]の客席、舞台と客席を区切るプロセニアムアーチ（額縁状の構造物）、オーケストラがスタンバイする舞台前の窪んだ空間のオーケストラピット、幕間にシャンパンを飲みながら会話を楽しむホワイエ（観客が幕間に休憩する場所）など、優雅な空間を思い浮かべるのでは

＊1 オペラハウス
この項目では、劇場のことを「オペラハウス」と記しているが、「オペラハウス」のことも「劇場」とよぶことが多いことや、日本の劇場にはオペラハウスの形態ではない劇場も多いことから、他項目では「劇場」と記載している。

＊2 馬蹄型
馬の蹄のような形のこと。劇場は上から見ると馬の蹄の形をしている。

ないでしょうか。

たとえば、フランスのパリ・オペラ座バレエは、ルイ14世が設立した、オペラの公演を行いバレエダンサーを育成する王立音楽アカデミーが始まりです。そういう背景があり、パリ・オペラ座[*3]（ガルニエ宮）は、宮廷文化が閉じ込められているような建築と内装のオペラハウスになっています。

もともと宮廷バレエの時代は、舞台は宮廷や王侯貴族の宮殿、その庭園などでした。それがロマンティックバレエの時代になると、オペラハウス（劇場）に代わります。

宮廷の観客席から見下ろされるようにつくられていた舞台は、劇場になってからは、奥から手前に傾斜して、観客席から見やすく、奥行きをもたせるつくりに変わりました。

現在でも、フランスやロシアなど海外の劇場の舞台には傾斜があります。傾斜の角度

＊3　パリ・オペラ座
パリ・オペラ座には、「ガルニエ宮」と「バスティーユ」の2つあり、「ガルニエ宮」では主にバレエが、「バスティーユ」では主にオペラとオーケストラのコンサートが上演されている。設計者のシャルル・ガルニエの名前に由来して「ガルニエ宮」とよばれる。（日本では「パリ・オペラ座」というと、一般的にガルニエ宮を指す）

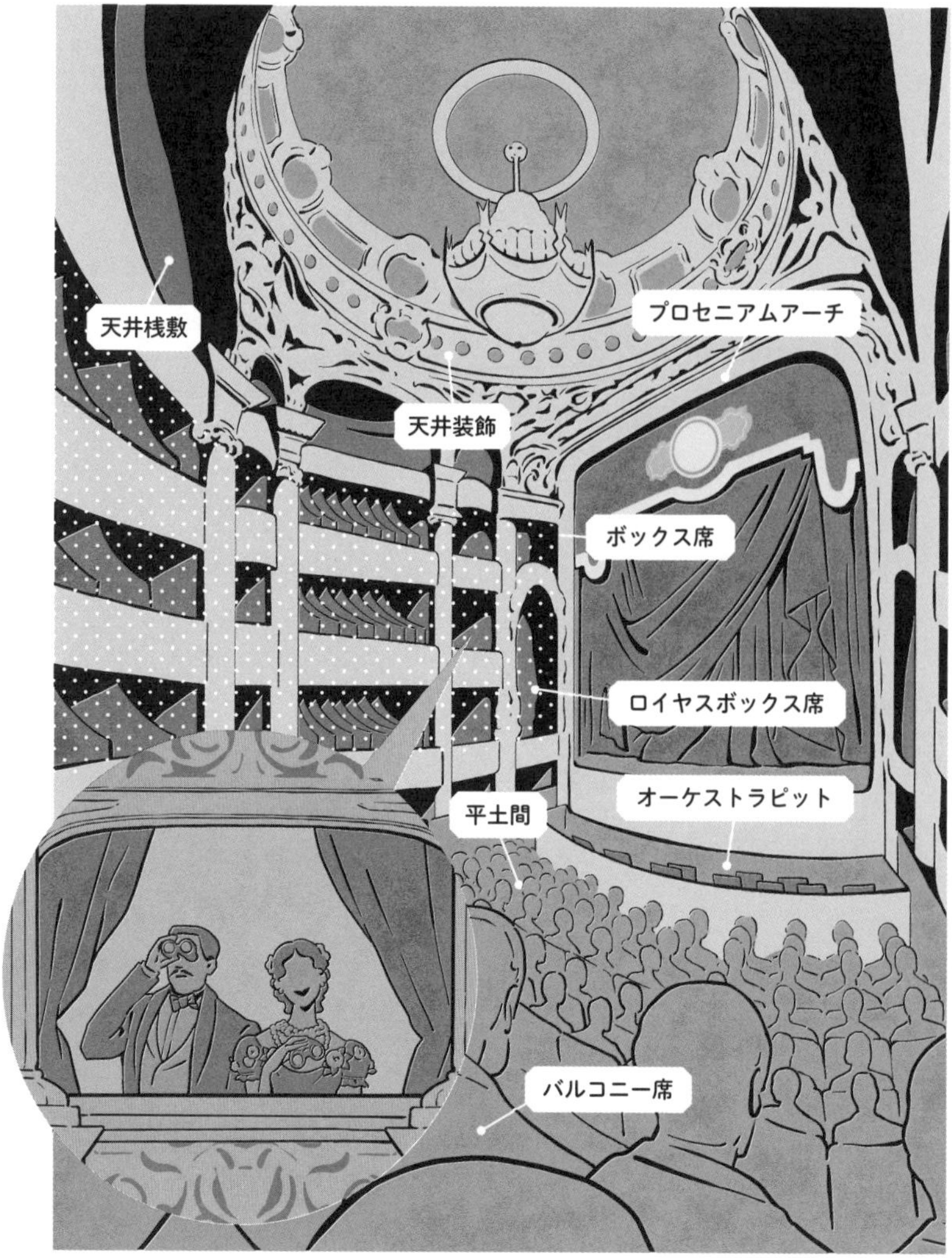

19世紀のパリ・オペラ座の内観
バルコニー席から見た図。ボックス席が重層的に平土間をとり囲んでいます。ボックス席にも序列があり、それは社交界の序列でもありました。最も上等な席は舞台両袖にあるロイヤルボックス席です。

は劇場によって異なり、バレエダンサーは踊る舞台に合わせて練習する必要があります。

パリのオペラ座は、とり壊しや移転、火事など、何度も姿と場所を変えながら、19世紀後半に現在のパリ・オペラ座となりました。天井に燦然《さんぜん》と輝く大きなシャンデリアに象徴されるような「貴族の社交場」としての機能を引き継ぎつつ、豪華絢爛な装飾と多くの彫刻で飾られた、まるで宮殿のような内装の建築様式は、オペラハウスの伝統として現在も受け継がれています。

内装の至る所に施された落ち着いたゴールドの彫刻。シャガールが描いた色鮮やかで華やかな天井画。深紅のビロードの椅子で埋め尽くされた客席――。一歩、劇場内へ足を踏み入れれば、その光景に圧倒され、連綿と続く歴史の重みが感じられます。

ちなみに、客席は宝石箱をイメージして全体を深紅のビロードで覆うようにデザインしたそう。そして、その客席の椅子は、中世のブルボン王朝まで遡る歴史を持ち、パリ・オペラ座やヴェルサイユ宮殿の内装の修復も手がけるフランス最古の高級家具メーカー、アンリオ・エ・コンパニの職人によってつくられています。パリ・オペラ座の椅子を、個人が購入することもできます。興味のある人は調べてみてください。

社交場を象徴するシャンデリア

白くて薄い生地が重なる釣鐘型のロマンティックチュチュとポワントを身につけたバレリーナが、ワイヤーで体を浮かせて軽やかに踊る姿を、青白いガス灯が照らす幻想的な世界観……。

最初のロマンティックバレエといわれる「ラ・シルフィード」（P191参照）の、このような目新しいスタイルは、当時のバレエのお手本となりました。

実はこうしたガス灯の照明が登場する以前、バレリーナは劇場のシャンデリアの明かりの下で踊っていました。つまり、**バレエよりも社交がメインだった**と考えられます。

ルイ14世の宮廷バレエの時代、劇場は王侯貴族にとって、踊るにせよ観るにせよ、豪華な宝石や衣裳を身につけて、富やお洒落を自慢し合う社交の場でした。

19世紀前半のフランスにおいては、ブルジョワジーの男性たちと若くて美しいバレリーナたちの愛人探しの場にもなりました。19世紀半ばまで、貴族やブルジョワジーは、ボックス席でビジネスやお見合いや恋愛など社交に勤しんだのです。

また、ボックス席を買うことで地位と権力を誇示し、着飾った美しい妻や愛人を見せびらかし、人々の視線を浴びることを楽しむ場でもありました。同時に、彼らはほかの観客へ視線を送る側でもあり、当時の絵画には、ボックス席から舞台とは異なる方向へオペラグラスを向ける人々が描かれています。

ボックス席は奥行きのある部屋になっているので、バレエを観ないで優雅に食事や会話を楽しむこともありました。ボックス席を買えない男性は、1階の平土間の席に座って観ていたそう。そのほか、立ち見の天井桟敷や、平土間の後部に仕切りのないバルコニー席もあります。

バレエを観ることよりも、自分が見られることを意識していた貴族やブルジョワジーは、やがて静かにバレエを鑑賞するようになっていきます。

劇場には、社交場のシンボルである豪奢なシャンデリアが、今も変わらず客席の頭上に輝いています。

衣裳 ファッションに興味があるなら……

高級メゾンのデザイナーが手がける衣裳

バレエの衣裳は、流行の最先端をいく高級メゾンのデザイナーによってつくられることがあります。

ココ・シャネル、クリスチャン・ディオール、イヴ・サン＝ローラン、クリスチャン・ラクロワ、ジバンシィ、ヴェルサーチ、イッセイ・ミヤケ、ピエール・カルダン……。

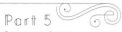

ファッションが好きな人は、高級メゾンのデザイナーが手がけた衣裳のバレエ作品から観てみるのもおすすめです。ファッションとバレエがコラボレーションして生まれる美しい世界に、パリコレや雑誌を見るのとはまったく違ったときめき、興奮、衝撃を感じられるでしょう。

たとえば、パリ・オペラ座バレエとのコラボレーションが多いクリスチャン・ラクロワの衣裳は、そのデザインや色彩のほかに、スワロフスキーがふんだんに使われているのが特徴です。

「ジュエルズ」「水晶宮」「泉」「真夏の夜の夢」「シェヘラザード」など、宝石が登場するバレエ作品の輝きが、衣裳によって増幅します。

ジュエリーと衣裳の関係

もともと宮廷バレエの時代の衣裳は、王侯貴族のファッションそのもので、金や銀を使った高価な生地、サテンやビロードなどが、飾紐や宝石や真珠（本物あるいは模造）で縁どられたり、飾られたりしている豪華なものでした。

ロマンティックバレエを代表するバレリーナのマリー・タリオーニは、真珠のネックレスとブレスレットを身につけて「ラ・シルフィード」を踊っていました。ロマンティックバレエの白いチュチュを着て、ふんわりと浮遊する妖精を踊る姿は、聖母マリアのような理想の女性像と重なりました。

キリスト教では、真珠を処女マリアの象徴や純粋性、永遠に続く魂の象徴としています。ロマンティックバレエのイメージは、真珠のイメージと合っていたのです。

当時、バレリーナがジュエリーを身につけて踊ることは、パリでもロシアでも自由でした。多くはパトロンに貢がせたものだったようです。高価な真珠のジュエリーを身につけた私服のバレリーナたちの肖像画も描かれています。

ちなみに、シャネルが衣裳を手がけたバレエ・リュスの「青汽車」の中では、テニスをする女性が耳に大きな模造真珠の一粒ピアスをつけています。

20世紀初頭アール・デコの時代、第一次世界大戦によって古い価値観が崩れ、女性の社会進出をはじめとした社会革新が起きていました。

それまで、宝石や真珠はずっと、夫や恋人の〝経済力〟を誇示するものでしたが、シャネルは「宝石や真珠は洋服に合わせる〝アクセサリー〟である」と考えて、階級意識や常識に捉われていた当時の人々を驚かせたのです。

このように、現代のバレエの衣裳についているキラキラした装飾には、ジュエリーの歴史も関わっています。

男性バレエダンサーがタイツ姿で踊る理由

バレエの舞台衣裳やレッスン着の中で欠かせない存在に「タイツ」がありますが、バレエにおけるタイツについては、由々しき問題があります。

男性のバレエダンサーというと、「真っ白なタイツ姿の王子様をイメージしてしまう」「ピッタリとしたタイツ姿が恥ずかしくて直視できない」などとバレエを敬遠してしまう人が多くいるのです。

しかし、このような先入観は、バレエの物語の舞台となった国や時代に流行したファッションを、**踊りに適したタイツで表現している**という知識があると、払拭できるように思います。

バレエ用のタイツは、日常のファッションで着用するタイツとは異なり、バレエを踊る上での機能性や美観性を重視してつくられています。そのため、バレエ用のタイツには、体を動かしやすく破れにくい、脚長効果が得られて脚線美が際立つ、筋肉の動きがよく見えるなどの特徴があります。

また、実際に中世ヨーロッパの騎士たちの間で、タイツを履いているように見える長い靴下が流行した史実もあります。つまり、ヨーロッパ人の感覚では、男性のタイツ姿も「古い時代ならわかる」と受け入れられるのです。

こうした理由から、バレエの物語の舞台となった国や時代に、タイツのように見える長い靴下を履いていた場合はもちろん、膝丈の靴下やズボンを履いていた場合でも、見た目に違和感がないのなら、たとえば、赤いハイソックスは赤いタイツに、黒いズボンは黒いタイツにというように、タイツの衣裳で表現することもあり得るのです。

ちなみに、男性はタイツの下に布でできたサポーターをつけています。女性はタイツを直接履くこともあります。

さらに、バレリーナのタイツの色は、もともとヨーロッパの白人に合わせて、肌が美しく見える白みがかった淡いピンク色をしています。ポワントの淡いピンクの色も同じです。

バレエはヨーロッパの文化に根づいているので、日本人の感覚では理解できなかったり、不自然さを覚えることが多いかもしれません。しかし、バレエの文化的、社会的、歴史的な背景を知れば、タイツへの先入観もとり払われて、バレエの見え方も変わってくるのではないでしょうか。

絵画

美術館やアートに興味があるなら……

バレリーナを描いた画家たち

バレリーナやバレエを踊る少女を描いた絵画はたくさんあって、とても人気がありま
す。絵画は歴史を知るための資料にもなりますし、美しさに癒されたりします。
18世紀フランスの画家ジャン＝フレデリック・シャールの絵画では、ロココのドレス
を着た女性がガーランド（花綱飾りの花輪）を持って踊っています。
現代ロシアの印象派の画家コンスタンチン・ラズモフが描くバレエの衣裳を着た女性
たちは、女性らしさと透明感に溢れています。
19世紀後半、印象派の画家ドガが、パリ・オペラ座で、愛人探しの場と化し、落ちぶ
れたバレエの世界の裏側を描いたことは有名です。
ブルジョワジーは、バレエの才能や可能性に魅力を見出したバレリーナに対して、経

済的な支援をしてバレエ活動を応援するパトロンというよりも、愛人としてのパトロンになることがほとんどでした。

当時のパリ・オペラ座では、「アボネ」とよばれる定期券を購入すると、楽屋や稽古場や舞台袖に入ることができました。アボネを持つ貴族やブルジョワジーなどお金持ちの男性たちは、そこで愛人候補のバレリーナを物色していたのです。

ドガもアボネを持っていて、その様子をキャンバスに描きました。

「バレエは絵画である」

ドガがバレリーナの絵を描いていた頃、ポスト印象派の画家ロートレックは、パリ北部の下町モンマルトルのキャバレー「ムーラン・ルージュ」に入り浸り、そこに夜な夜な集まる芸術家や文化人、娼婦、ダンサーたちの姿を描きました。

バレエ「マタ・ハリ」を観れば、ロートレックの絵画に描かれるパリの夜や人々の様子がわかります。まるで飛び出す絵本のよう。

18世紀フランスの舞踊理論家でメートル・ド・バレエ（バレエの責任者）でもあったジャン＝ジョルジュ・ノヴェール（P１００参照）は、著書『舞踊とバレエについての手紙』の中で「バレエは絵画である」と書いています。

つまり、バレエも絵画のように、画家の考えを投影した趣のある描写で、視覚的に人の心に訴えかけて感動をもたらすものでなければならないと考えていたのです。画家はコレオグラファー、キャンバスは舞台、絵の具はダンサーのテクニックや動き、筆遣いはダンサーの容貌、色調は音楽、舞台装置、衣裳、シーンごとの舞台の調和や鮮やかさ、というように見立てました。

先に述べましたが、劇場では客席と舞台は額縁のようなプロセニアムアーチで区切られています。そもそも、舞台が額縁の中の絵画のように存在し、それを観客が眺めらるようにデザインされているのです。幕の開閉によって、絵画を掛け替えるような機能も果たします。

頭上に広がる天井装飾

パリ・オペラ座は、天井装飾も高雅で素晴らしいです。豪華なシャンデリアやゴールドの彫刻、そして「色彩の魔術師」や「愛の画家」などとよばれるシャガールが描いた色彩豊かでモダンな天井画。

この天井画「夢の花束」は、当時77歳だったシャガールが、「ジゼル」「白鳥の湖」「ロミオ&ジュリエット」「火の鳥」といったバレエやオペラのシーンをモティーフに描いた大作です。

ヨーロッパでは、劇場に限らず、教会や宮殿などの天井にいくつもの名画を観ることができます。

天井画は、漆喰を使ったフレスコ画、大理石やガラスや貝殻などのかけらを使ったモザイク画、卵と顔料を混ぜた絵具を使ったテンペラ画、油絵具を使った油彩画（油絵）など、洞窟に絵を描いていた時代から、それぞれの時代の様々な技法で描かれてきました。

モティーフは、ギリシア・ローマ神話の神々や、キリスト、聖母マリア、天使など。天井画に限りませんが、**文字の読めない人が多かった時代、絵画には聖書の物語を伝える役割もあったのです。**

音楽

演奏や楽器に興味があるなら……

イタリアではオペラが、フランスではバレエが人気

踊りも音楽も絵画も、中世から近代までの時代は、同じような変遷を辿ります。初めは教会のためのもの、次に王侯貴族のためのもの、最後に民衆のためのもの。その一連の流れの中で、洗練され、認められていったのです。

同じヨーロッパの国でも、文化的に進んでいるか遅れているかで、その切り替わる年代は変わります。たとえば17、18世紀、イタリアで民衆のためのオペラが盛んだった頃に、フランスでは宮廷音楽のバレエが盛んだったことから、イタリアがフランスよりも進んでいたことが読みとれます。

舞踊音楽というジャンルは、18世紀のパリ・オペラ座で認められます。

それまで、**フランスの劇場ではオペラとバレエは姉妹のように両輪で発展してきまし**

た。やがて、踊りと歌と楽器の演奏によるオペラ・バレエから、体と踊りの芸術であるバレエが独立していきます。

一方、イタリアでは声と歌の芸術としてのオペラが、ドイツでは楽器の芸術としてのシンフォニーが確立していきました。

文化的な成熟度の違いだけでなく、イタリア人はオペラが好きで、フランス人はバレエが好きという国民性の違いもありました。

バレエ音楽を手がけた作曲家

バレエ音楽は、コレオグラファー主導でバレエをつくることや、踊りに合わせて音楽が切り貼りされることなどから、長らく、音楽の世界では一段低く見られていました。

そのため、**一流の作曲家はバレエ音楽を手がけなかった**のですが、ロシアの偉大な作曲家チャイコフスキーによってその運命が動き出し、以後、多くの素晴らしい作曲家がバレエ音楽を手がけるようになります。

バレエ音楽の作曲家でおすすめしたい人物が3人います。

1人目は、ピョートル・チャイコフスキー。ロシアの作曲家です。本書の中で何度も登場していますが、3大バレエ音楽とよばれる「白鳥の湖」（P122参照）、「くるみ割り人形」（P196参照）、「眠れる森の美女」（P64参照）の曲をつくりました。

2人目は、セルゲイ・プロコフィエフ。同じくロシアの作曲家です。雄弁でスケールの大きいモダンな曲に心を揺さぶられます。「ロミオ&ジュリエット」や「シンデレラ」の曲をつくりました。

3人目は、フレデリック・ショパン。「椿姫」（P114参照）でも登場しましたが、ポーランドの作曲家です。憂いを秘めた美しい旋律で、バレエをよりドラマティックにする「ピアノの詩人」ともよばれています。

バレエの練習曲

バレエのレッスンは、練習曲を流して行います。バレエ学校ではピアノの生演奏の伴奏で練習するのですが、この演奏者のことを「バレエピアニスト」といいます。

ピアノより以前は、ヴァイオリンやヴィオラが伴奏していました。ドガの踊り子の絵には、ヴァイオリンやヴィオラを演奏するバレエ教師の姿が描かれています。

ヴァイオリンではメロディ、ピアノではリズムがダンサーの意識の中心となるといわれていて、**どの楽器でバレエを練習したかによってバレエの仕上がりも異なったよう**です。

ちなみに、少し楽器の説明をすると、弦楽器は、ルネサンスの時代はリュートが代表格で、17世紀になるとヴァイオリンが登場し、その座をとって代わりました。鍵盤楽器は、教会で重要な役割を担ったオルガンから、17、18世紀頃には貴族が室内で開くサロンに適したチェンバロへ、19世紀には市民のためのコンサートに適した音量が出るピアノに代わります。

楽器の主役は、ルネサンス期はリュート、バロック期はチェンバロ、ロココ期はヴァイオリン、ロマン主義の時代はピアノ……と変遷していきました。

余談になりますが、ピアノの練習曲でお馴染みのブルグミュラーが作曲したバレエがあります。「ラ・ペリ」というロマンティックバレエで、ペルシャを舞台に美しい妖精と青年が織りなす恋愛物語。練習曲のイメージとは異なる優々たる旋律にときめきます。

文学 小説や童話や民話に興味があるなら……

「椿姫」と「マノン」は姉妹バレエ

「椿姫」（P114参照）と「マノン」（P180参照）は、姉妹バレエといわれています。「椿姫」の原作『椿姫』も、「マノン」の原作『マノン・レスコー』も、ロマン主義のフランスの恋愛小説です。どちらも貴族の青年と美しい娼婦の恋愛物語で、著者自身の恋愛を元に書かれました。

『椿姫』の著者アレクサンドル・デュマ・フィスは、宿に泊まって、愛人の手紙を読み返してから、3週間で一気に小説を書き上げたそうです。

『マノン・レスコー』の著者アベ・プレヴォーは、高位の聖職者を目指していましたが、放浪癖のある落ち着かない青年だったそうです。修道院に出入りしながら、恋愛もしつつヨーロッパを放浪しました。ロンドン滞在中に、数週間でこの小説を書き上げたといわれています。

『マノン・レスコー』の物語は、ギャンブル、盗難、売春、殺人と刺激的な要素ばかりで、**登場人物があまりに不道徳なため、二度も出版が禁止されました。**

しかしその後の新版では、序文に、この物語が「情熱の力のひどい例」であるということわりを載せて読者に警告しました。今日でも、『マノン・レスコー』はフランスの高校生の教科書に定期的に掲載されているそうです。

童話はロシアの人々に生きる力を与えた

「せむしの仔馬」の原作であるロシアの童話『せむしの仔馬』は、ロシアの詩人ピョートル・エルショーフがサンクトペテルブルク大学在学中の19歳のときに書き上げました。彼は子どもの頃に、シベリアの農民の昔話をたくさん聞き、生涯に渡り覚えていて、それをよく話したそうです。

ロシアは、ウラル山脈を境にヨーロッパとアジアに跨っている広大な国です。ずっと昔から、ロシアの民衆は貧困にとても苦しんだ歴史があります。

童話の世界では、偉そうに人々を虐げる皇帝や大貴族、お金持ちの商人たちを、最後には笑いものにして、馬鹿正直で忍耐強い人間が幸せになります。

そういった内容の童話は、世界中にたくさんありますが、**特に苦しい環境にあったロシアの民衆にとって、童話は真実や正義を味方につけることができ、苦しみや悲しみの捌け口となり、心の拠り所となりました。**童話は、ロシアの人々に生きる力を与え、より良い未来を信じる気持ちを強めるものだったのです。

バレエになった聖書の物語

「放蕩息子」というバレエがあります。原作は、新約聖書のルカによる福音書に書かれた、悔い改めの物語の『放蕩息子』。息子が父親を裏切って家を飛び出し、放蕩の末にボロボロになって帰宅すると、父親は無言で抱きしめて息子を赦してくれるという内容のお話です。**息子は人間を、父親は神様を表しています。**

「放蕩息子」のほかにも、聖書の物語の中でバレエになっている物語はあります。

聖書は、ご存知の通り、クリスチャンにとっては信仰の拠り所であり、クリスチャンではない人にとっては秀逸な文学です。

かつて踊りには、鑑賞を通して文字の読めない人々に、聖書に書かれた内容を伝える役割がありました。これは絵画や音楽も同様です。特にそれだけの目的でつくられたものは、宗教画や聖歌とよばれます。

そもそも踊りや美術や音楽などの芸術は、言葉にすることが難しい観念的な気持ちや考えまでも表現することができ、感覚的に人々の心に訴えかけるものです。

多くの人が知っていて、すべての人に伝えたいメッセージが込められ、バレエのモティーフとしても相性が良いという理由から、聖書の物語を題材にしたバレエはつくり続けられています。

日本では、ウィーンで発足して日本に拠点を移したABC-TOKYOバレエ団が、レパートリーの中に「クリスチャン創作バレエ」というジャンルを設け、積極的にキリストの福音をバレエを通して伝えています。

キリスト教

信仰や精神文化に興味があるなら……

神学校でバレエは教養科目だった

17世紀頃、カトリック教会のイエズス会の神父たちは、バレエは教養の重要な要素で、教育に役立つと考えていました。

それまでも**カトリック教会の学校では、生徒たちに聖書の物語や殉教者の物語などを題材とした演劇を上演させていました。**生徒たちに自ら演じ、脚本を書かせることで、学校で勉強した文法や修辞学などを実践を通じて体得させたのです。

同時に、演劇を通して、観衆にキリスト教の教えを示す目的もありました。

時代は華やかなバロック。そうしたキリスト教の学校が評価されて資金が増えていくと、領主から多くの衣裳や曲馬《きょくば》（馬に乗って演じる曲芸）のための馬などが貸与されるようになります。演劇はどんどん派手になり、権力や栄光を誇示するようになりました。演劇の幕間に行われる、オーケストラの演奏を伴うバレエなどの踊りはだんだん長くなり、オーケストラも大編成になり、宮廷の音楽家なども加わるようになります。次第にオペラの中でのバレエの位置づけが高くなっていきました。パリで王様や大貴族の臨席のもと上演されたり、常設の劇場がなかった地方でも、豪華な舞台装置で盛大に上演され、バレエをフランス国内に広めるきっかけにもなっていきました。

その中から才能に恵まれた生徒や、宮廷バレエのお下がりの衣裳を購入できる裕福な家の生徒が、名を上げていきました。

ヨーロッパの精神文化

ヨーロッパの文化であるバレエには、お姫様の洗礼式や礼拝堂での結婚式、神様に誓うマイムなど、キリスト教のエッセンスがたくさん散りばめられています。

また、ヨーロッパの人々の考え方や社会には、キリスト教以前のギリシア哲学やローマ法なども染み込んでいるため、19世紀初めまでは、ギリシア・ローマ神話を題材にした演目がたくさん踊られていました。

ギリシア神話に基づく青年と妖精の恋の物語で、ギリシア神話風デザインの衣裳も楽しめるロマンティックバレエ「シルヴィア」は現代でも人気です。

絵画では、聖書やギリシア神話に登場する「超自然的な存在」を目に見える形で表現しようとして、天使の輪や羽、体を包み込むような光を描きました。**バレエでは、「超自然的な存在」をポワントによるつま先立ちと白いチュチュで表現します。**

日本人の私たちが、神社や森や海など自然のものに神様が宿ると考えるアニミズム的な観念や信仰を持っていたり、日本古来の美しさや風景にどこか懐かしさを感じるのと同じように、**ヨーロッパの人々は、キリスト教やギリシア・ローマ神話が血に染み込んだ精神文化を築**いているのです。

陶磁器とグラス

食器や陶器に興味があるなら……

バレエの雰囲気を感じる陶磁器

華やかなお食事に、優雅なティータイムに、あるいは、しっとりワインを楽しむひときに、バレエのエッセンスをとり入れるのも、とても素敵です。

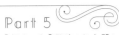

バレエを庇護したポンパドゥール夫人、マリー・アントワネット、皇帝ナポレオン、エカテリーナ2世は、それぞれの趣味に合った美しい陶磁器を愛しました。たとえば希少価値が高く、現代では「幻の陶磁器」とよばれるセーヴルの磁器は、ポンパドゥール夫人に庇護されて以来、マリー・アントワネットや皇帝ナポレオンにも愛される宮廷御用達のブランドになりました。

長い間、帝室外に流出することがほぼなく、謎に包まれていたロシアの最古の名窯で、帝室専用窯だった「インペリアル・ポーセリン」（現在は、一般の人でも手に入れることができます）。このブランドもバレエの物語が描かれているカップ＆ソーサーのバレエコレクションをつくっていて、バレリーナの姿が描かれたシリーズもあります。

ちなみに、インペリアル・ポーセリンのパトロンであった**エカテリーナ２世がオーダーした豪華な公式の食器セット「アラベスク・サービス」**は、973個のアラベスク模様の食器からなる壮大なセットで現在も残っています。アラベスク模様とは、モスクの壁面に見られる幾何学模様で、永遠に繰り返され、無限に広がることから縁起の良い模様とされています（P178参照）。

エカテリーナ２世はこのアラビア風のアラベスク模様を好み、サンクトペテルブルク郊外にある夏の間だけ過ごす離宮に「アラベスクの間」をつくりました。現在は、エカテリーナ宮殿として公開されています。

そして、アラベスクといえばバレエの基本のポーズの名前でもあります。実は、18世紀後半のバレエは、片脚を後ろに、片手を前に上げて伸ばすアラベスクをはじめとするポーズや動きを使い、床と空間に幾何学的な図形を描くように踊ってアラベスク模様を描いていました。

まったく別のジャンルの芸術のようで、同じ世界観が表現されていたりすることに気づくと、バレエも磁器も、味わい深く感じられます。

バレリーナがモティーフのフィギュリン

陶磁器といえば、フィギュリンを楽しむ人も多いのではないでしょうか。フィギュリンとは陶磁器の人形のことで、バレリーナがモティーフのものもたくさんあります。まろやかで透き通るような白肌に優美なドレスを纏わせたものや、バレエのチュチュを纏ったものなど。そして、その装飾は精緻を極めています。

ドイツの「マイセン」やスペインの「リヤドロ」などが有名ですが、19世紀以降にドイツのドレスデンやイギリスのスタッフォードシャーなどの窯元で、中流階級向けにつくられた作品も人気です。特にお姫様が好きな女性には、イギリスの「コールポート」のマリー・アントワネットやポンパドゥール夫人など、ヨーロッパの貴婦人がモティーフの華やかなフィギュリンがおすすめ。

フィギュリンは、18世紀に誕生すると、当時の王侯貴族の地位や名誉を表す持ち物となり、政治的な社交の場ではプレゼントに用いられたり、テーブルの上に飾られたフィギュリンは食事の際の話題となって会話を盛り上げたりしました。

さらにバレエの話題を増やしたいときは、ロシアのバレリーナであるアンナ・パブロヴァから名前をとった「パブロヴァ」というケーキをつくってみてください。バレエ「瀕死の白鳥」を踊る彼女のように、軽やかで甘いメレンゲに、クリームでチュチュのようにデコレーションをして、ベリー系のフルーツをのせた美しいケーキです。

バレエとワインの繋がり

ヨーロッパの人々にとって、古くからワインは身近な飲み物なので、バレエでもワインを飲むシーンはよく見かけます。祝杯や食事のワイン、悪だくみに使う毒や眠り薬を入れたワインなど……。

また、宮廷バレエの時代は、王侯貴族がワインを飲みながらバレエを鑑賞しました。今も劇場のホワイエにはワインがありますね。

ワインといえばワイングラス。ハプスブルク家の時代からオーストリア皇室御用達のガラスメーカー「ロブマイヤー」に、20世紀イギリスの偉大なバレリーナであるマーゴ・フォンテインが、ポワントで立つ優美な姿を表現したワイングラス「バレリーナ」シリーズがあります。ワインの味を引き立てる構造で、ワイン通もうならせる名品。

ワイン選びは、バレエをモティーフとした絵が描かれたエチケット（ワインボトルに貼られたラベル）で選んでみるのも楽しいです。

そもそも**ワイン発祥の地はジョージアで、栄華を誇ったローマ軍の戦士たちによってヨーロッパ全土に広まりました。**

キリスト教が支配した中世には、キリストの血であるワインは神聖なものとされ、キリスト教の布教とともにヨーロッパに浸透します。そして大航海時代には世界中に広まり、ワインは華やかな宮廷文化にも欠かせないものとなっていきます。

ジョージアは、もともとロシアの一部だった時代があります。ロシアは、歴史的に領土拡大を繰り返してきたこともあり、特に辺境では国土の広さに増減が多くありました。

こうした背景もあり、一般的に「ロシアバレエ」とよばれるものは、現在のロシアだけでなく、かつてロシアに含まれていた周辺の国々も、ともに築き上げてきたものだといわれています。ですから、**ジョージア出身の素晴らしいバレエダンサーが今も昔もたくさんいます。**その点でも、バレエとワインの繋がりを感じることができますね。

サロン
社交の場に興味があるなら……

ワインを片手に語り合う社交場

17、18世紀のフランスでは、サロンとよばれる社交場が流行しました。**ホストは高い教育を受けた上流階級の女性で、会場はその女主人の家という私的な場所。**そこに貴族や芸術家や知識人たちが集まって、ワインやシャンパンを嗜みながら、芸術や文学や思想など様々な話題について気軽に語り合いました。

話題は、恋愛や噂話から、小説やオペラ、絵画、音楽などの文化・芸術にまで及びました。やがて思想や政治の議論や批評をするようになっていきます。そこで語られたことは、サロンを飛び出して社会へ大きく影響を与えていきました。

こうしたスタイルのサロン文化は、20世紀まで続いたそうです。

サロンではバレエについても話題となり、バレエ関係者も出入りしていました。サロンでの会話をきっかけに新しいバレエ作品の着想を得たり、バレエに起用する芸術家の紹介などもあったりしました。

サロンは長きに渡り、貴族や芸術家や知識人たちの社交の場として、また芸術や文学や思想などの文化が芽生え育つ場として、重要な役割を担っていたのです。

サロンで繋がる人脈とビジネスチャンス

バレエ・リュスのプロデューサーであるディアギレフは、ロシアの貴族出身で、祖父がペルミ歌劇場のパトロン、父はアマチュア音楽家、育ての母は音楽教育に熱心な歌手、**その母の甥である叔父はチャイコフスキー**で、自宅はサロンとなっていました。

彼は幼少期からピアノ、声楽、作曲などの英才教育を受け、大学入学後は音楽だけでなく美術の見識も深めて、サロンで芸術家と交流しながら芸術の審美眼を養い続けました。そして芸術プロデューサーになり、サロンで貴族と社交する中、資金援助をしてくれるパトロンを見つけ、魅力的な芸術家を紹介してもらうなど人脈を広げていきました。

たとえば、彼がバレエ「春の祭典」の資金繰りに困っていたところ、サロンの人脈で知り合ったシャネルが多額の小切手を差し出してくれました。その後には、バレエ「青汽車」の衣裳をディアギレフがシャネルに依頼しています。

サロンでの偶然の出会いが、素晴らしいバレエを生み出したのです。

貴婦人の隠れ家

18世紀の優美な曲線と柔らかいパステルカラーに象徴されるロココ様式は、「ロココの華」と謳われるフランス王国の国王ルイ15世の愛妾ポンパドゥール夫人のサロンから流行したといわれています。

彼女はヴェルサイユ宮殿のルイ15世の部屋と自室との間に、「小部屋劇場」をつくりました。そしてルイ15世を楽しませるため、その小さな劇場に一流のダンサーや演奏家をよび、舞台美術にもこだわって、自らもバレエを踊ったといいます。

またマリー・アントワネットは、当時サロンで流行していたルソーの「自然に帰れ」という啓蒙思想の影響で、ヴェルサイユ宮殿の敷地内に建てられた私的な宮殿プティ・

トリアノンの中に田園趣味の家や庭をつくって、イギリス風の簡素なシュミーズドレス[*4]を着て過ごすようになります。そしてそこに、まるで小さなヴェルサイユ宮殿のような**「王妃の小劇場」**をつくらせ、バレエを観たり踊ったりしていました。

18世紀、ロシアのエカテリーナ2世も、憧れのフランスのサロン文化をとり入れました。宮殿の敷地内に、小さいけれども豪華な宮殿の小エルミタージュを建て、そこにエルミタージュサロンを開き、自らが女主人となっていました。そこには絵画やジュエリーなどたくさんの美術品が並べられたそうです。

敷地内に**エルミタージュ劇場**を建てて、家族や友人やサロンの仲間たちとバレエ鑑賞などを楽しみました。この私的な宮殿と劇場は現在、エルミタージュ美術館として公開されています。ちなみに、エルミタージュはフランス語で「隠れ家」という意味です。

＊4　シュミーズドレス
白い木綿の生地に刺繍を施したルーズなスタイルのドレス。産業革命前は、木綿も刺繍も非常に高価なもので、大変贅沢なドレスだった。マリー・アントワネットがルソーの唱えた思想とは逆に、〝人工的〟に自然な暮らしをしていたことを象徴するものの1つ。

COLUMN

バレエは舞台に宇宙も表現しようとしてきた

バレエは、宮廷バレエの時代から今日まで、演劇的な踊りを追求する一方で、床や空間に幾何学模様、幾何学的な図形を描こうとしたことでも発展してきた側面があります。

古代ギリシアの時代から19世紀までは、地球の周りを回っているとされていた太陽や月や惑星が動くときに音が発せられ、その動きとリズムによって宇宙が音楽を奏でていると考えられていました。

古代ギリシアの哲学者ピタゴラスは、宇宙を支配する音楽の法則を数の調和によって究明しようとし、「ド・レ・ミ・ファ・ソ・ラ・シ・ド……」と音階を数の比率で表現しました。

月や星は夜空に円を描き、巻き貝は螺旋状、雪の結晶は部分と全体が同じ図形になるフラクタル構造になっています。

フラクタルとは、「図形の全体を部分に分解していったとき、全体と同じ形が部分に再現され、同じ形が永遠に連続していく構造」のことをいいます。

幾何学的な図形は自然界そのものです。幾何学模様は数の調和であり、永遠に連なるその模様は、神様がつくられた完璧で美しい世界、宇宙を表現していると考えられました。

バレエは音楽に合わせて、バレエダンサーが回転や手と脚の組み合わせや休止などの動きを調和させて幾何学模様を描いて踊ることで、舞台に宇宙を表現しようとしてきたのです。

なお、右の模様はP170で触れたアラベスク模様の一例です。茎やつる、花や葉などの植物を組み合わせた、永遠に連なる幾何学模様になっています。

Part 6

さらに
おすすめしたい
バレエ作品

美は世界を救う

フョードル・ドストエフスキー

（ロシアの小説家。小説『白痴』の中のムイシュキン公爵の言葉）

マノン

官能的で退廃的なドラマティックな恋愛

18世紀フランスの衝撃の恋愛ドラマ

原作は、18世紀フランスの作家アベ・プレヴォーの恋愛小説『マノン・レスコー』。バレエのみならず、オペラや映画など様々なジャンルの芸術家たちに影響を与えているロマン主義初期の傑作です。『椿姫』の作家アレクサンドル・デュマ・フィスも、この小説から影響を受けた1人です。

ジュエリーも綺麗なドレスも純粋な愛も、すべてを欲しがった美しい少女が、育ちの良い純朴な貴族の少年を翻弄する物語。少女は少年にギャンブルや盗みや殺人など、不道徳極まりないことに手を染めさせ、若い2人の官能と退廃と悲劇と情熱的な愛が、息を呑むような恋愛ドラマを巻き起こしていきます。

「マノン」は、18世紀フランスのパリが舞台の全3幕のバレエです。

1幕は、ホテルの中庭にお金持ちの紳士や高級娼婦や乞食がたくさん集まっているところから始まります。贅沢と貧困が入り混じったひどい状況です。

そこへマノンが修道院に入るために兄のレスコーに連れられてやってきます。

彼女は、純真無垢な美少女の容貌でありながら、悦楽的な魔性の女。出会うすべての男性がマノンに溺れてしまうほどです。

名門貴族の神学生デ・グリューもまた、美貌のマノンを一目見て惚れ込んでしまいます。マノンも彼に恋をして、2人はお金を盗んでパリへ逃げます。

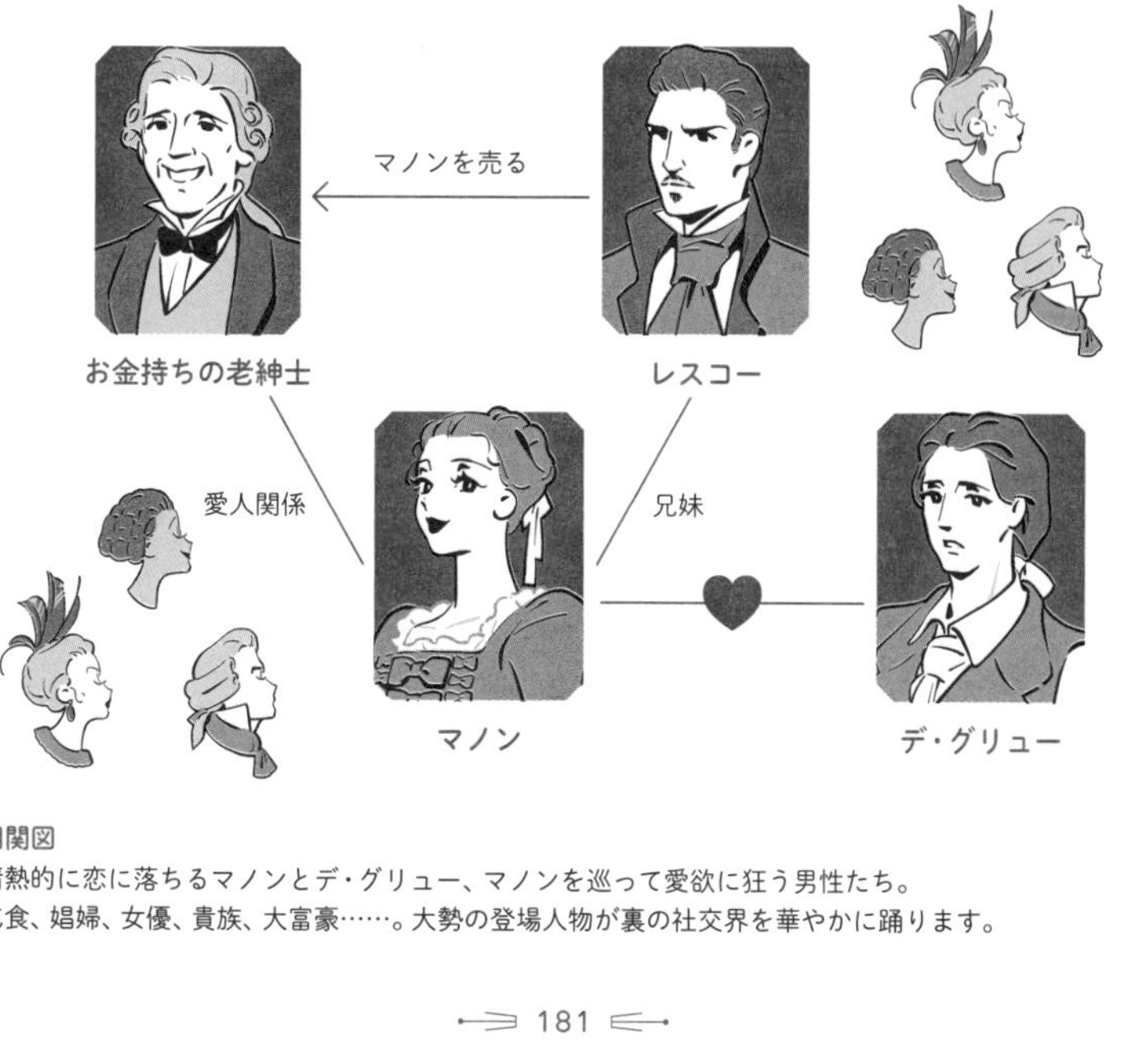

相関図
情熱的に恋に落ちるマノンとデ・グリュー、マノンを巡って愛欲に狂う男性たち。
乞食、娼婦、女優、貴族、大富豪……。大勢の登場人物が裏の社交界を華やかに踊ります。

しかし、デ・グリューのいない間に、レスコーがお金持ちの老紳士をマノンに引き合わせると、マノンはお金に目がくらみ、老紳士の愛人になってしまいました。レスコーもまた、マノンを老紳士の愛人にすることでお金をもらう取引をしていたのです。

2幕では、高級娼館で開かれていたマダムのパーティーで、マノンとデ・グリューは賭博でいかさまをし、それが発覚して2人は捕まってしまいます。

3幕では、売春の罪で流刑にされてしまったマノンを、デ・グリューがアメリカのニューオリンズにある刑務所まで追いかけていきます。しかし最後は、2人で逃げ込んだルイジアナの沼地で、マノンが息絶えるのです。

退廃的で悦楽のロココ文化

マノンが生きた時代を知っておくと、さらに深く作品を堪能できると思います。

18世紀ロココの時代のフランスの雰囲気を掴むには、ロココの絵画を見るとわかりやすいかもしれません。**柔らかくピンクのヴェールがかかったようなパステルカラーが華やかで、可憐な表現**。そこには慎みなんていう概念は存在せず、官能的で軽薄な喜びに満ちた世界が描かれています。

お金持ちの老紳士の膝にのり金満生活を満喫するマノン
ロココの華やかな裏社会の男性ファッションに圧倒されます。胸元や袖には宝石よりも高価だったレースがあしらわれ、リボンや宝石や金糸の刺繍で装飾され、豪華なジュエリーも身につけています。

たとえばフランスの画家フランソワ・ブーシェ[*1]の「化粧」や、フラゴナール[*2]の「ぶらんこ」といった、当時描かれた名画においても、女性の長いスカートに隠されているべき脚が露わになっています。**驚くべきことにロココ時代は、そのような不道徳なものを描いた絵画が評価された時代でした。**もっとも、コルセットで持ち上げた胸元は日常的に露わにして生活していましたが……。

ブーシェやフラゴナールの優美で柔らかな色彩で宮廷風俗を描いた絵画が称賛されていた退廃的な悦楽のロココ時代に、マノンは生きていたのです。

ロココに生きた人々の恋愛観

『マノン・レスコー』は、フランス文学を代表する恋愛小説の1つです。その主人公であるマノンは、フランス文学において初めて登場した「ファム・ファタル」であるといわれています。

ファム・ファタルとは、フランス語で「宿命の女」、つまり「まるでそれが運命のように、恋心を寄せる男性を破滅させてしまう魅力的な女性」という意味。文学や絵画のモティーフとして、しばしば登場します。男性がファム・ファタルへの恋に狂気的に溺れていく様を、ロココの人々も楽しんでいたのです。

一方で、恋愛の捉え方は現代に生きる私たちとロココに生きた人々とで異なります。実は、**恋愛とはもともと不倫のことであり、恋愛と結婚が結びついたのは19世紀になってからのこと。**

フランスの歴史家の「〈恋愛〉は12世紀の発明である」という言葉が残っているように、12世紀中世のフランス人が、男女が互いに惹かれ合うことに対して、「恋愛」という概念を生み出しました。恋愛とは、時代も国も超える普遍的な概念ではなく、私たちの生きる時代や国や社会通念によって形成されたものだったのです。

＊1 フランソワ・ブーシェ
18世紀ロココ美術を代表するフランスの宮廷画家。ヴァトーの影響を受けた。特にポンパドゥール夫人の肖像画が有名で、彼女に絵画も教えていた。多作家。

＊2 フラゴナール
ジャン＝オノレ・フラゴナール。18世紀ロココを代表するフランスの画家。ブーシェに師事し、風俗画が有名。父親は、宮廷で手袋と香水係の長を務めていた。

牝鹿

洗練された悦楽的で優雅なフランスのサロン

アール・デコ時代の独創的なバレエ

「牝鹿」は全1幕で、オペラのように歌を伴うバレエです。
そして物語は、筋はあるけれど、抽象的。真っ白な田園風の広いサロンに大きなソファが1つだけ、ローランサンの描いた舞台幕を背景に置かれます。

まず、シガレットホルダーを振り回す気の強そうな女主人が登場します。そして、2人の青年が加わって3人の踊り。その後、彼女を中心に16人の少女たちと屈強な体の美しい3人の青年の踊りとなって、恋愛模様を繰り広げます。

「牝鹿」のテーマは、現代の生活、特に女性です。初めてのフェミニストバレエともいわれています。

衣裳と舞台美術は、甘くて優美なピンクで有名なフランスの画家マリー・ローランサンが手がけ、音楽はフランスの作曲家プーランク。

パリの流行の最先端にいる芸術家がつくった洗練されたバレエで、当時の上流階級の社交生活に見られた悦楽的で耽美的な様子をほのめかすように風刺的に表現し、大成功を収めました。

大きな羽根の頭飾りをつけた女主人と少女たちは、まるで楽園にいる極楽鳥のようで、サロンに集まった男女は、性別も人数も関係なしに、享楽的に恋愛を楽しんでいます。

大きな羽飾りの帽子を被った娘たち
淡いピンクで統一したファッションに身を包んだ上流階級の娘たちが、サロンで優雅な宴を楽しんでいます。大きな羽飾りを揺らしながら、ぴょんぴょん跳ねるように踊る、乙女な雰囲気にときめく！

ときめきが止まらないパステルな世界

「牝鹿」の衣裳は、シャネルのファッションと同じくらい当時の流行に影響を与えました。ドロップウエストのカクテルドレスの上にシャネルスタイルの何連にも重なった真珠のロープ（ロングネックレス）を身につけた女主人、頭に大きな羽根をつけたピンクの可愛らしいドレス姿の少女たち、肌の露わな水色の水着姿の青年たち……。

ローランサンは、18世紀ロココ美術を代表するフランスの画家ヴァトーの描いた「フェート・ギャラント」を、現代風にバレエで描こうとしました。

フェート・ギャラントとは、貴族たちがお洒落をして集まり、お喋りをしたり踊ったり恋をしたりする甘い夢想的な世界のこと。

また、フランス語の「牝鹿」という言葉には、「若い娘たち」という意味もあり、レズビアンの恋愛を暗喩していますが、そのような恋愛の様子も伺えます。

ローランサンの絵画には難しい解説は必要ありません。淡くて綺麗なピンク、水色、白、グレーなどを組み合わせた色遣いが特徴で、絵を見れば、一目でローランサンの作品だとわかります。特に彼女が使う優しくて可愛いピンクは、ときめきが止まらない極上のピンク。

パリの女性ばかり描いていて、真珠のジュエリー、扇、お花、楽器、動物など、添えられるモティーフにはいつも似たものが描かれます。バレリーナも多く描かれます。

レースやリボンなど繊細で美しいもの、美しい声で口ずさむ讃美歌や古い民謡、読書など……。ローランサンは、上品で贅沢な趣味を持つ母親と2人きりで暮らし、女性らしさに溢れる環境に育ったため、文学的な空想の世界を夢見るようになりました。

第一次世界大戦中はスペインとドイツで亡命生活を送り、描く絵には淡いグレーを多く使いましたが、戦後パリに戻ってくると、使う色彩はより明るく華やかに、描かれる女性の表情は愛らしくなっていきました。

バレエはどちらかというと社会全体の様子が、絵画は個人的な状態が作品に影響するように感じます。バレエとそれ以外の芸術を様々な視点で比べながら見ると、色々な発見があっておもしろいです。

ローランサンとシャネルの不思議な交友関係

「牝鹿」をはじめとするバレエ・リュスの作品は、ディアギレフと交友関係にあった芸術家たちがつくっていましたが、サロンに集まる人々は、みんなそれぞれに交流をしていました。

ローランサンとシャネルの間にも、仲が良いのか悪いのかよくわからない不思議な交友関係がありました。

当時、パリの社交界ではローランサンに肖像画を依頼するのがステータスになっていたので、シャネルも依頼しますが、仕上がりを気に入らず腹を立てたというエピソードは有名です。

パリっ子のローランサンがシャネルを田舎者呼ばわりしたり、シャネルがローランサンの恋人を「臭かった」と悪く言って喧嘩をすることもありましたが、一方で共通の友人だった病気の詩人を交代で看病するなど協力することもあったようです。

バレエに関わる人たちの人間関係を知ると、またバレエの楽しみが増えますね。

ラ・シルフィード

白くてふんわり可憐に舞う妖精にメロメロ

妖精に浮気したスコットランドの青年

この物語は、フランスのロマン派の文学者シャルル・ノディエが、ケルト民話を元に書いた幻想小説『トリルビー、またはアーガイルの妖精リュタン』に着想を得て書かれました。

「ラ・シルフィード」は全2幕の短いバレエです。

舞台は、当時のフランス人にとって異郷の地にあるロマンの国だったスコットランド。

1幕は、結婚式を控えた農家の青年ジェイムズが、居間の暖炉の傍に置かれた肘掛け椅子に座ってまどろんでいるシーンから始まります。ジェイムズがうとうとしていると、夢の中に風の妖精シルフィードが現れて、2人は一瞬で恋に落ちます。そして、シルフィードはジェイムズから、彼の婚約者の指輪を奪って森へ消えていきました。

そこへ婚約者や友だちが大勢やってきて、紛れ込んでいた魔女が婚約者の手相を占い、ジェイムズではなく彼の親友と結婚すると予言したので、ジェイムズは怒って魔女を追い返します。

2幕では、ジェイムズが夜の森の中へシルフィードを追っていきます。シルフィードを見つけましたが、羽を羽ばたかせてふわふわ飛んでいる彼女を抱きしめられません。

そこで、魔女から羽を落とす呪いのショールをもらい、ジェイムズはシルフィードの肩にショールをかけます。すると、羽が落ちるだけでなく、彼女自身も息絶えてしまいました。

そして、彼が気がついたときには、す

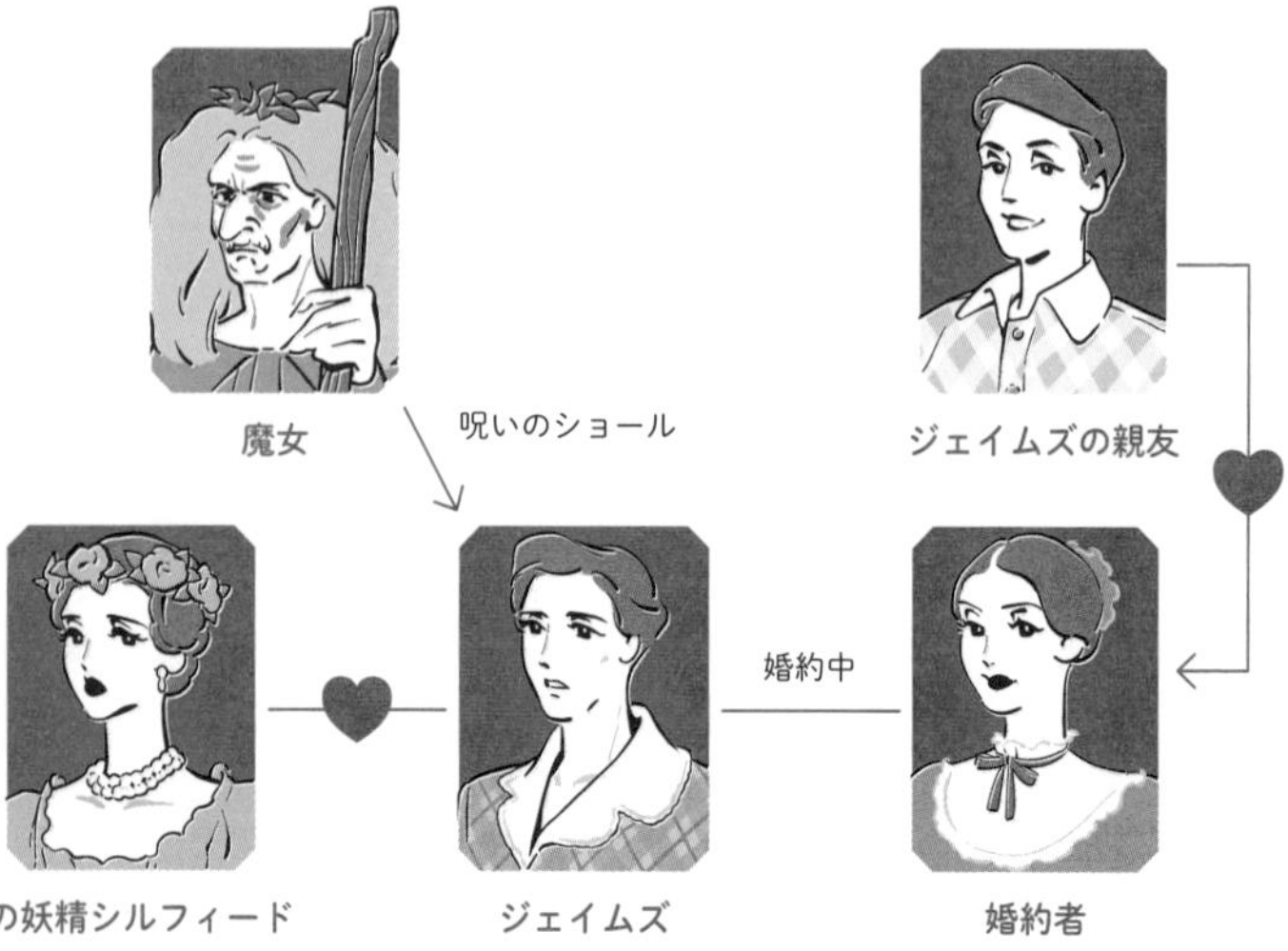

相関図
ジェイムズは現実（婚約者）から夢（シルフィード）へ逃避してしまいます。
女性なら浮気した彼を嫌悪し、男性なら誘惑に負けた彼に共感するのかもしれません。

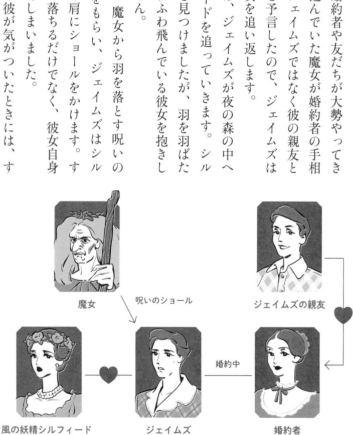

でにジェイムズの婚約者は彼の親友と結婚式を挙げていました。

ジェイムズは、シルフィードの誘惑に負け、婚約者を裏切ったために、今度は婚約者に裏切られてしまったのです。このような形で破滅を迎えたジェイムズに共感する男性は多いのではないでしょうか。もしかして、魔女はシルフィードに夢中になっていたジェイムズの目を覚まさせようとしたのかもしれません。

男性が理想とする女性像

「ラ・シルフィード」が初演された19世紀前半のフランスの理想の女性像は、男性に従順で守ってあげたくなるような、

まどろむジェイムズの傍に寄り添う美しい妖精シルフィード
夢の中で理想的な女性シルフィードに出会い、ジェイムズは現実の世界の婚約者をよそに、シルフィードに夢中になってしまいます。シルフィードも積極的に誘惑します。

か弱い女性でした。青白いほど白い肌、愁いを帯びた表情、細いウエスト、小さな足先……。**風の妖精シルフィードは、当時の男性のまさに理想的な女性像**でした。

もちろん、そこにはエロティシズムもあるわけです。なぜなら、パリ・オペラ座でバレエを観るのはブルジョワジーの男性ばかり、バレエを踊るのは女性ばかりの時代です。

ジェイムズはスコットランドの伝統衣裳であるキルトを着ています。キルトのタータンチェックの柄や色には様々な種類があり、それらは着る者の家の家紋を表しています。ジェイムズは、婚約者に自分の家のタータンチェックのショールをかけて、シルフィードには呪いのショールをかけます。

ショールをかけられたシルフィードが飛べなくなることから、彼が自分のものにするという意味で2人にショールをかけたことがわかります。しかし、二兎追う者は一兎も得ず。**魅力的なシルフィード〈理想〉と貞淑な婚約者〈現実〉**の両方を失ってしまいました。

影響し合うバレエとモード

「ラ・シルフィード」が人気を博していた中、フランスでは「シルフィード」という名前の女性向けの高級モード雑誌も刊行されました。なんと、**当時のフランス上流階級の貴婦人たちまでもバレリーナに憧れるようになっていた**のです。

モードとバレエの衣裳は、よりお互いに影響し合うようになります。

先にも触れましたが、ロマンティックバレエのバレリーナは、真珠のジュエリーを身につけて踊っていました。清純で優雅で神秘的なイメージを持つ真珠は、この時代の理想の女性イメージにぴったり。ちょうどイギリスが真珠の産地を植民地化した時代で、当時のヨーロッパの貴婦人たちの間では真珠のジュエリーが流行していたのです。

またドレスは、白くて透けるように薄い生地で、体のラインに沿った古代ローマ風のドレスの流行から、まるでロマンティック・チュチュのような釣鐘形の膨らんだスカートの流行に変わっていきました。そして、シルフィードのような細いウエストにするために、再びコルセットが必需品となったのです。

くるみ割り人形

豊かな音色と輝く踊りは豪華なクリスマスプレゼント

華やかなクリスマスの定番バレエ

「くるみ割り人形」は全2幕の、とても豪華で華やかな楽しい作品です。世界中で、子どもも大人も楽しめるクリスマスの定番バレエとなっています。

どこかで聴いたことのあるチャイコフスキーの名曲が次々と流れ、**民族舞踊や民族衣裳など民族的な特徴をとり入れたキャラクターダンスもたくさん見られます。**

子ども向けの作品とあなどるなかれ。豪華で華やかで楽しいシーンは大人でも高揚し、神秘的なシーンはロマンティックでうっとり。全幕一貫して美しい作品です。

＊3 大デュマ
フランスの劇作家。小説『椿姫』を書いたアレクサンドル・デュマ・フィスの父。デュマ・ペールともよばれる。

原作は、ドイツのロマン派の作家E・T・A・ホフマンが書いた、19世紀初めに発表された童話集に収録されたお話。それを大デュマが*3『くるみ割り人形とねずみの王様』という話に書き直しました。

1幕の舞台は、ドイツのある邸宅。大きなクリスマスツリーの前に集まった大勢の大人と子どもが、踊ったりお喋りをしたりしてクリスマスイブの夜を楽しんでいます。

子どもたちは、パーティーにやってきた人形使いのおじさんの大きなお人形の踊りに大はしゃぎ。少女クララは、彼にもらった醜いくるみ割り人形を大変気に入り、喜びます。

くるみ割り人形をもらって喜ぶクララ
クララはなぜかこの醜いくるみ割り人形が大好き。当時、ドイツ人はナポレオン戦争に苦しめられていたので、ナポレオンに見立てた醜い人形に硬いくるみを割らせて恨みを晴らしていたそうです。

やがてパーティーは終わり、お客さんたちがいなくなると、クララはくるみ割り人形を抱いたままクリスマスツリーの傍で眠ってしまいました。

そのうち不思議なことに、クララの体がどんどん小さくなっていきます。

ツリーの前にはねずみがたくさん集まってきて、ねずみの王様まで登場します。さらに、そこへくるみ割り人形率いるおもちゃの兵隊たちがやってきて、ねずみと兵隊たちが戦い始めます。

ねずみの王様とくるみ割り人形が一騎打ちの接戦となったところで、クララがねずみの王様に靴を投げつけ、くるみ割

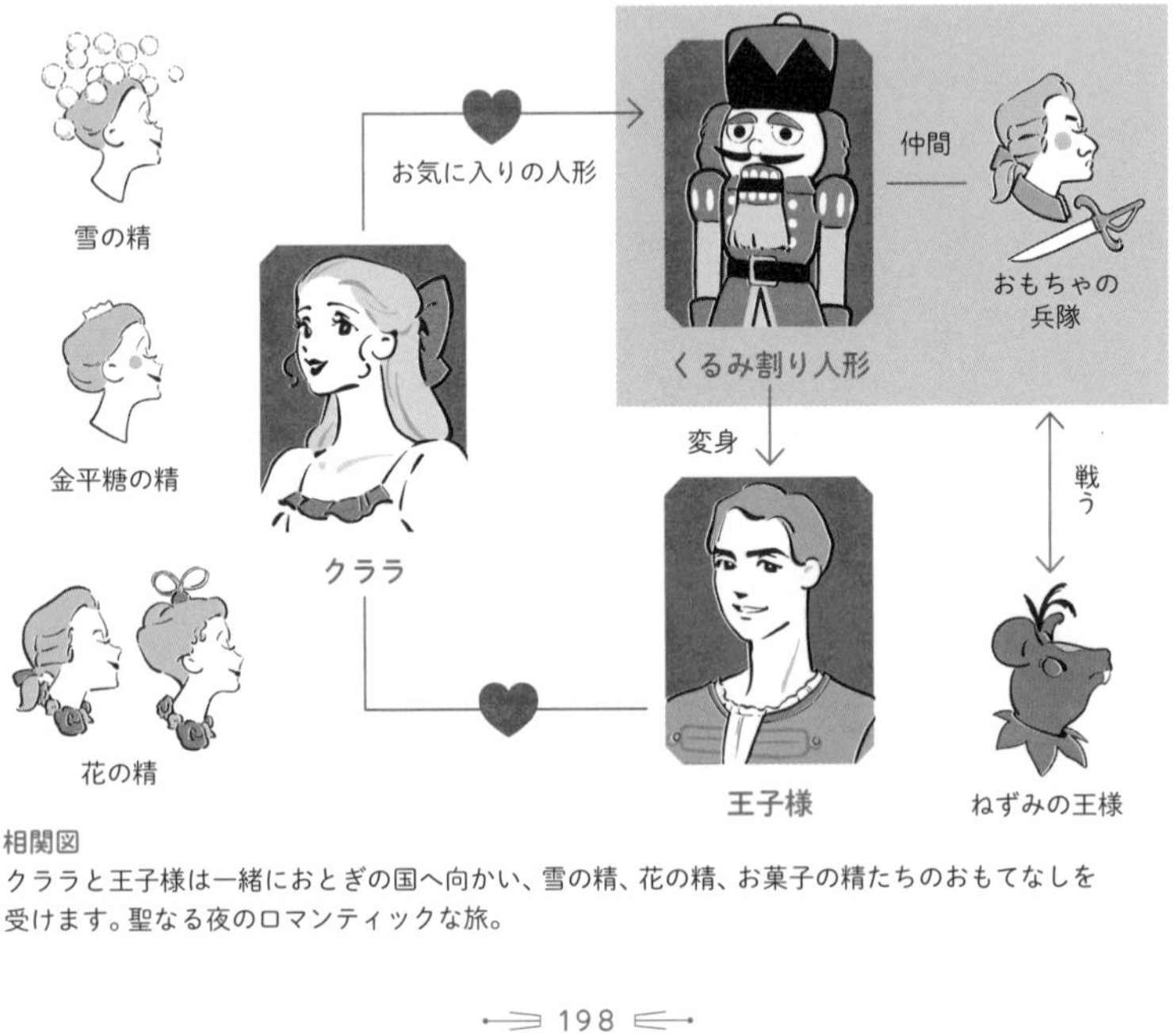

相関図
クララと王子様は一緒におとぎの国へ向かい、雪の精、花の精、お菓子の精たちのおもてなしを受けます。聖なる夜のロマンティックな旅。

り人形が勝利しました。すると、くるみ割り人形の魔法が解けて王子様の姿に変わり、王子様とクララは一緒におとぎの国へ向かいます。雪の国を通ると、雪の精たちが可憐にロマンティックに踊っています。

2幕では、クララと王子様がおとぎの国の森に到着します。スペインの踊り、アラビアの踊り、中国の踊り、ロシアの踊り、フランスの踊り、花のワルツ、金平糖の踊りが次々と踊られ、クララと王子様も踊ります。

そうして聖なる夜は終わりを迎え、クララは夢から目覚め、すべて夢だったことを悟り、少し大人に成長した微笑みを浮かべて、くるみ割り人形を抱き上げるのでした。

真実を突く宮廷道化師

バレエには、人形たちとともに道化役が登場することがよくあります。道化役は高度なテクニックを必要とし、風変わりな衣裳を纏いコミカルでハッとするような踊りを踊ります。

中世のヨーロッパでは、小人やせむし（醜い容姿であると差別されていた人）などが宮廷道化師として宮廷に抱えられて、幼い王子様やお姫様の遊び相手をしていました。キリスト教的には、道化は王様の代わりに罪を背負っている存在と考えられていたため、大切に迎えられ、王様に何を言っても許されました。

社会批評の自由がある代わりに、バレエの道化役にも見られるような滑稽で奇抜な衣裳を着せられ、おどけたしぐさをするように求められたのです。

当時の絵画や文学、お祝いのパーティーや儀式などに登場した道化は、宮廷道化師の特権であった社会批評を公然と行うための隠れ蓑として機能していましたし、道化が民衆の不満を代弁することもあったのではないかともいわれています。

お菓子の踊りでおもてなし

「くるみ割り人形」の2幕では、世界の国々の名前を冠した役が踊られますが、これはお菓子の精たちの踊り。当時はまだ貴重で高価だったお菓子の精たちが、それぞれの国の民族舞踊と民族衣裳の要素をとり込み、雰囲気いっぱいに踊ります。登場する順にご紹介しましょう。

・スペインの踊り

スペインの代表的な民族舞踊であるフラメンコを思わせ、体を反らせたり、手首をくねらせたり、煽情的な目つきときびきびとした動きが印象的な踊りです。

スペインの踊りは**「チョコレートの精の踊り」**ともよばれます。大航海時代に、スペインの冒険家が今のメキシコでカカオ豆を見つけ、スペインに持ち帰ったことから、チョコレートはスペインを象徴するものの１つだからです。

・アラビアの踊り

グルジア（現在のジョージア）の子守歌を元につくられたスローテンポの神秘的な曲に合わせた、柔軟性を活かした蠱惑的な振付の踊りです。

アラビアの踊りは**「コーヒーの精の踊り」**ともよばれます。コーヒーはアラビア地方発祥という有力な説があり、イスラム教徒の人々の間で、心と体を癒したり、気分を高揚させる薬として広まったといわれています。

・中国の踊り

お箸に見立てて人差し指を立てたり、センスを持ったり、両脚を揃えてジャンプしたり、腕を横や上に直線的に伸ばしたり曲げたり、軽快でコミカルな踊りです。
中国の踊りは**「お茶の精の踊り」**ともよばれます。お茶は中国が発祥の地とされ、解毒や滋養強壮のための薬として飲まれていました。

・ロシアの踊り

スピーディーで軽快なリズムの音楽に合わせて、ジャンプや足捌きの高度なテクニックが繰り出されるのが印象的です。かかとを床につける動きや、男性ダンサーの深くしゃがんだり高くジャンプしたりする動きから、ロシアの代表的な民族舞踊であるコサックダンスを連想させます。

ロシアの踊りは**「トレパック」**や**「大麦糖の精の踊り」**ともよばれます。

トレパックとはウクライナの農民の伝統的な踊りのことで、大麦糖とは大麦でつくった素朴な味のキャンディーのこと。

あるときフランスの小さな村の修道院のシスターが、痛みを和らげる薬として大麦と砂糖を使って大麦糖を考案しました。大麦糖はルイ14世の頃からフランス宮廷で珍重され、現在ではフランス最古の砂糖菓子といわれる伝統菓子となりました。

クララと王子様をもてなすお菓子の精の踊り
色々な国のお菓子の精たち。情熱的な目力のスペイン（右上）、妖艶に体をくねらせるアラビア（左上）、飛んで跳ねる中国（中央）、独特なステップを踏むロシア（右下）、貴族の貫禄のフランス（左下）。

・フランスの踊り

軽やかで爽やかな雰囲気の牧歌的なフルートの音色に合わせて、笑顔でステップを踏む愛らしい踊りです。

フランスの踊りは「葦笛の踊り」ともよばれます。葦笛（葦でつくったおもちゃの笛）はフランス語では**ミルリトン**。葦笛のような飾りがついたフランス革命の頃の騎兵の帽子もミルリトンとよばれ、その帽子に形が似ていたフランスのノルマンディ地方の古都に伝わる伝統菓子にも、ミルリトンという名前がついています。このお菓子はアーモンドクリームのタルトレットで、フランスの広大な農地を想像させる風味なのだそう。

お国柄の表現が差別問題に繋がることも

これまで、欧米のバレエ団では「くるみ割り人形」の中国の踊りやアラビアの踊りなどが、たびたび問題となってきました。

たとえば中国の踊りでは、中国らしさをイメージした振付を考案したり、肌を黄色く塗ったり、つり目に寄せるメイクをしたりしますが、それらは人種差別的であると判断されることが増えてきたのです。

「くるみ割り人形」のほかにも、人種差別が問題になる人種の踊りや、奴隷の踊り、植民地を舞台とする物語など、バレエには差別的であると非難され得る内容や表現がたくさんあります。

時代の感覚に合わせて、そういった演目そのものをレパートリーから外したり、問題視される踊りやシーンをなくしたり、あるいはその表現方法を大きく変えたり、衣裳を変えたりなどの対応がなされてきました。

賛否両論ありますが、このような流れは今後も続いていくでしょう。

作品から読みとれる政治的な思惑

「くるみ割り人形」が初演された19世紀前半、ロシアは厳しく検閲を行っていたので、バレエにはロシアの政治的な思惑も投影されていました。領土拡大を目指し、露仏同盟の協議も進められていたことと、おもちゃの兵隊の軍服がフランス軍のものに酷似していることを考えると、隊長であるロシア皇帝のくるみ割り人形が、フランス軍であるおもちゃの兵隊たちを従えてネズミの王様を倒し、王子様となって世界中の色々な国の踊りで丁重にもてなされる、という帝政ロシアの野望に満ちた裏物語が見えてきます。

COLUMN

バレエ公演のチケット代が高額な理由

日本のバレエ公演のチケット代はとても高いです。オーケストラより高く、オペラよりは安いといった感じ。これは、とても大きな問題です。

まず、海外のバレエ団が来日して公演する場合の人件費がかかります。バレエ団とともに同じオペラハウスのオーケストラをよぶか、日本のオーケストラを入れるか、出演ダンサーの人数の多い全幕バレエにするか、ガラ公演にするか、などによって費用が変わります。

それから、上演する演目も、チケット代に影響します。一般的にクラシックバレエとよばれる古典バレエの場合、衣裳にとてもお金がかかっています。制作した後も、丁寧な補修や保管などで維持費が非常にかかります。バレエ団が上演するすべての演目の衣裳を自前で持っているわけではないので、海外のバレエ団から衣裳を借りていることも多いのです。舞台美術や舞台装置も同様です。

これは、世界中のバレエ団でコンテンポラリー作品が増えている1つの理由でもあります。抽象的で新しい表現方法の追及にこだわるコンテンポラリー作品は、往々にして衣裳や舞台美術、舞台装置に莫大な費用をかけずに制作や公演ができるのです。

ちなみに、コンテンポラリー作品の中では、コンテンポラリーダンスの巨匠ウィリアム・フォーサイスの「イン・ザ・ミドル・サムホワット・エレヴェイテッド」、恋愛ゲームを楽しむ貴族たちの戯れを描いた「ル・パルク」、マリー・アントワネットの生涯を表現した「マリー・アントワネット」がおすすめ。

また、劇場公演よりもお手頃なチケット代でバレエ鑑賞をしたい場合は、バレエシネマがあります。国内外のバレエ団の素晴らしい公演を、映画館の大きなスクリーンで、臨場感と迫力のある映像、上質な音響、ダンサーの表情や動き、衣裳、舞台美術のディテールまで楽しめます。

劇場での公演と異なり、舞台裏の様子や出演者へのインタビューなど、特典映像があったりします。

Part 7

バレエから学ぶ「心と体」に効くヒント

美を見る力を保ち続ける者は
決して老いることがない

フランツ・カフカ
（チェコの小説家）

体｜華奢で引き締まった体の秘密

バレエダンサーは優雅に見えてアスリート

バレエダンサーは、離れ技のようなテクニックを見せたり、美しいポーズをとったりしながら、長時間バレエを踊ります。その体力や筋力は当然、アスリート並みです。

バレエダンサーの体を近くで見たことはありますか。

細くてスタイルが良いだけではありません。彼らは幼い頃から日々厳しいトレーニングを積んでいるので、アスリートと同じようにギュッと引き締まって硬い肉体をしています。

でも、不思議に思いませんか。なぜあんなに細くて華奢なのでしょうか。毎日バレエを踊って体を鍛えていても、なぜムキムキの大きな体にならないのでしょうか。

その秘密は、筋肉にあるようです。


筋肉には、大別するとアウターマッスルとインナーマッスルの2種類があります。

その名の通り、アウターマッスルは力こぶや上腕二頭筋、大胸筋のように目に見えやすい外側の筋肉で、重いものを持ち上げたり、速い動きをするときに使います。

インナーマッスルは体の内側深く、骨の近くにある筋肉で、バランスをとったり、姿勢を保ったり、内臓を正しい位置に保って代謝の働きを促したり、骨を守ったりしています。


もちろんバレエダンサーにとってはどちらも必要な筋肉ですが、**バレエのしなやかな動きとバレエに合う細く美しい体には、インナーマッスルの鍛錬がより重要**なのです。


私たちも、日常生活の中で意識してインナーマッスルを鍛えると、血行が良くなり、基礎代謝が高まって、痩せやすくなります。

最も簡単なトレーニングは、「正しい姿勢を保つ」こと。日頃から意識するだけで違いを感じるはずです。

素敵な人は姿勢が良い

バレエダンサーは姿勢が良く、特に首から肩にかけてのラインが美しいので、その身体から「バレエをやっている人」独特の雰囲気が漂います。

「素敵な人は姿勢が良い」ということは、色々な本に書かれています。実際に15〜18世紀の宮廷舞踊や宮廷バレエは、王侯貴族たちの高貴で優美な姿勢やふるまいを身につけるためのお稽古事として大きな役割を担っていました。姿勢の良さが人に与える美しい印象は、国も時代も問わない普遍的なものなのだと思います。

バレエのレッスンでは、「軸を意識して」とよく指導されます。この「軸」とは、しっかりとした体幹のこと。

軸をつくるには、足で床をしっかりと掴んで、頭のてっぺんを天井から糸で吊られて引っ張られているように立ちます。体が真っ直ぐになり、1本の軸が通っているようなイメージで、真上の天井に向かって伸びるように力強く立ってみてください。

その美しく一直線に伸びた体を軸にして、手や脚のしなやかな動きが生まれます。軸を意識して姿勢良く立つことはバレエの基本です。

バレエ教室では、一般的に壁一面が鏡になっています。自宅でも全身が映る大きな鏡で自分の立ち姿を頻繁に確認するようにしてみてください。外出時も、ガラスに映った自分の姿を目にしたときはチェックするようにしてみましょう。常に美しく立つことを意識するだけで変わってくるはずです。

美しい姿勢
体の軸を保つように意識して、
耳・肩・腰・膝・くるぶしが
一直線になるように立ちます。

割れる腹筋トレーニング

もっと姿勢良く立つためのヒントは、おへそを意識することです。

特におへそについては、ダイエットにも直結します。おへそを常に意識するように心がければ、いつの間にか痩せるのです。腹筋が鍛えられれば姿勢も自然と良くなりますし、体幹を鍛えることに繋がって、体全体のダイエットにもなります。

さらに、立ったままおなかをへこませると、腹筋の奥にある内臓脂肪を押さえつける筋肉と脇腹を押さえつける筋肉が鍛えられて、おなか全体を引き締めることができます。

しっかり腹筋を鍛えたい人に、私が幼い頃から毎日3分間やっている、バレエのレッスンでいつもしていた腹筋の鍛え方をご紹介します。

寝転がって両脚をつま先までピンと伸ばして、床から10センチほど上げ、足先を左右交互にクロスし続けます。手はおなかの少し上で輪をつくり、目線はおへそです。

つま先まで力を入れてしっかり伸ばすことを意識すると足裏の筋肉も鍛えられ、床を掴む力が増して転倒予防にもなります。

ベッドの上で気づいたときにやるくらいでも、やらないよりずっと健康にも美容にも良いでしょう。

体が柔らかくなるストレッチのコツ

バレエダンサーは、筋力があることに加え、体が非常に柔らかいです。その柔軟性と筋力によって、様々なポーズやテクニックを披露します。

多くのスポーツでも体の柔軟性を重視していますが、バレエダンサーの動きは特に柔らかくしなやかに見えます。その秘密は、筋肉の使い方にあります。

バレエでは、筋肉をグーッと引っ張って伸ばすように使います。このことを意

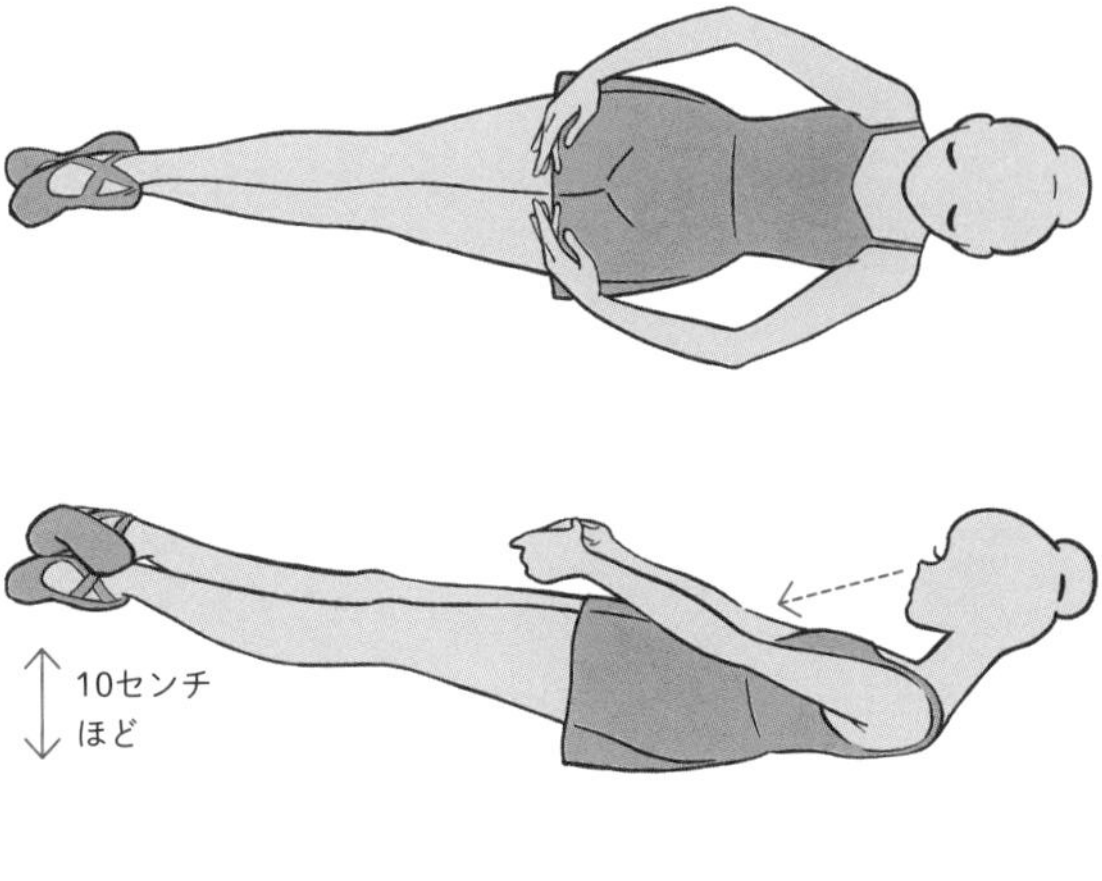

腹筋の鍛え方
脚はつま先まで真っ直ぐに伸ばし、目線はおへそ、両手で輪をつくり、おなかから少し浮かせます。
上から見た姿と、横から見た姿。

識してストレッチをすれば、バレリーナ特有の柔らかくてしなやかな体の動きが手に入るかもしれません。

ストレッチをするタイミングは、体が温まって心身ともにリラックスできているお風呂上がりが効果的。痛くならない程度に、無理のない範囲でやってみてください。

日常の中でも、首や手や脚など体を伸ばすしぐさをするときは、筋肉をグーッと引っ張って伸ばすことを意識して動いてみてください。たとえば、街中でタクシーを拾うときや、お掃除やお片づけをするときなど、意外と体を伸ばす姿勢をとることは多くあります。姿勢や腹筋と同じように、意識するだけできっと変化があるはずです。

体が柔らかくなると血行も代謝も良くなるので、痩せやすくなり美肌にも繋がります。

食 細くて強い体をつくる食事

食べなければ踊れない

バレエダンサーは、美しいスタイルと強靭な肉体のどちらも維持し続けなければなりません。ですから、体や健康についてしっかりと勉強します。彼らはバレエ学校の時代から、**具体的な体のケアの方法だけでなく、解剖学や栄養学も授業で学ぶ**のです。

名門のバレエ学校に入るには、体型についての遺伝子検査がありますし、身長と体重の制限もあります。若手バレエダンサーの登竜門であるローザンヌ国際バレエコンクールでは、書類審査で、体重ではなくＢＭＩ値を重要視しています。つまり、**無理なく健康的でありながら、細く美しい体型のバレエダンサーが求められている**のです。

そのような難関を潜り抜けてきたダンサーでも、ダイエットや食事について悩んでいる人はたくさんいます。ジャンクフードをいくら食べても太らない体質の人もいれば、常に太らないように非常に少ない食事量に抑えている人もいて、摂食障害になるダンサーも少なくありません。

また、男性は女性を持ち上げる力も必要なため、食べないダイエットは難しいです。

とある1日の食事メニュー

ワガノワバレエアカデミーを卒業し、ブルガリアのバレエ団で活躍している男性ダンサーの友人にダイエットについて聞いてみると、**好きなバレエダンサーの食事を参考にして、部分的に食材や味つけなどをアレンジしている**と言っていました。情報源はインターネットだそう。

彼のとある1日の食事は、このようなものでした。

【朝食】トーストとスクランブルエッグとホットコーヒー。

【昼食】生ハムとチーズだけを挟んだサンドイッチと、ダークチョコレートとミネラルウォーター。

【夕食】オリーブオイルで炒めたズッキーニと、マカロニを合わせて軽くお塩を振ったもの。

【間食】ナッツやフルーツやチョコレートを食べることが多いようです。

美しいスタイルと健康で強靭な肉体を維持し、自己管理すること。

年齢や健康状態など、そのときどきの自分に合った食事とダイエット方法を編み出すこと。

バレエダンサーたちは常にベストを模索しています。

また、バレエでは日常にはない動きをしたり、厳しいレッスンで疲労が溜まることから、故障や怪我もつきものです。体はボロボロになりますが、バレエ団やバレエ学校の抱える医師や、理学療法士やトレーナーや整体師などの手も借りて充分なケアをしながら、バレエダンサーは日々テクニックを追求し、私たちに素晴らしいバレエを見せてくれているのです。

衣　バレエを感じるファッション

バレエ用とタウン用のバレエシューズ

バレエを踊るときに履く靴といえば「ポワント」や「バレエシューズ」。

ポワントは先にも触れましたが、つま先は平たく硬くなっていて、リボンを足首に巻いて固定します。

一方、バレエシューズは柔らかい布や革でできていて、底には柔らかいスエードが縫いつけられています。また、ゴムのストラップも縫いつけられていて、甲でしっかり留まるようになっています。足が自由になる感じで、床をしっかり掴むように踏むことができます。

一般的には、バレリーナはポワントを、男性ダンサーはバレエシューズを履いているイメージがあるでしょうか。

バレリーナも、レッスン時にはバレエシューズを履いています。**バレエシューズとポワントの両方でレッスンをし、舞台公演ではポワントを履きます**。コンテンポラリー作品などの場合は、本番でもバレエシューズを履くこともあります。

そして、こちらも先述しましたが、**男性ダンサーはポワントを履きません**。ただし、例外もあります。たとえば、癖のある母親役や魔女役、跳ねるような動きをする動物の役などを、男性ダンサーがポワントを履いてコミカルに踊ることがあります。

バレエシューズというと、タウン用にも売られています。デザインは似ていますが、まったく別物です。バレリーナがプライベートでいつも履いているといったこともありません。一般の人と同じように、ファッション感覚で履いている人はいるでしょう。

実際に、バレエ用のバレエシューズをつくる工房から生まれたブランドが、タウン用のバレエシューズもつくっている場合があります。たとえば、フランスの「レペット」、イタリアの「ポルセリ」、スペインの「プリティ・バレリーナ」。

普段使いにぴったりのフラットなタウン用バレエシューズも、こうしたブランドのものを履くと、バレエとの関わりによって洗練された技術と伝統を感じられて、毎日を素敵な気分で過ごせそうです。

エチケットに香水を

バレエには、男女のダンサーがペアを組んで踊る「パ・ド・ドゥ」などで、男性が女性を持ち上げる「リフト」というテクニックがあります。このとき、汗をかいた状態で通常よりも密着することになるため、特に外国人ダンサーと組むときはお互いに体臭が気になるそう。**エチケットとして、きつく香水を振りかけるダンサーも多くいます。**

日本のバレエ団でも香水をつけて踊るダンサーはいますが、つけ方は程々。バレエ教室に至っては、香水を禁止しているところもあります。

エチケットとしての香水は、バレエを踊らない人にも大切なもの。せっかくならバレエの世界を感じられる香水がおすすめです。バレエからインスピレーションを受けて香水をつくったブランドを2つ紹介します。

フランスの薔薇の香り専門の香水ブランド「パルファン・ロジーヌ・パリ」は、優雅に踊るバレリーナたちや有名な演目の役柄などをイメージした「バレリーナ」というシリーズの香水をつくり、磁器のボトルにチュチュを纏わせた香水瓶に閉じ込めています。

イギリスの王室御用達の香水ブランド「ペンハリガン」は、イングリッシュ・ナショナル・バレエとコラボレーションして、バレエ芸術を香水で表現しました。調香師は、バレエの血と汗と涙の香りを表現するため、ポワントの匂いを直接嗅ぎ、ヘアスプレーやメイク、汗、床に当たるライトなどの匂いを吸い込んだそうです。また、バレエの精神や美学、踊るときの音の香りを徹底的に考えました。こうして、「香りの舞い」として表現された「アイリスプリマ」という、性別を問わない香水を完成させたそうです。

ヘアスタイルはすっきりまとめる

バレリーナのヘアスタイルといえばシニヨン（お団子ヘア）。舞台でもレッスンでも、ぺたんこのシニヨンをジェルで崩れないようにしっかり固めて、すっきり綺麗にまとめます。

前髪も上げて落ちてこないようにしっかり固め、おでこを出します。レッスンで回転やジャンプなどの動きをするとき髪の毛が邪魔にならず、顔の表情や頭の動きなどがよく見えるからです。

また、頭を小さく、首筋を綺麗に、首を長く、バレリーナにとっての理想的なスタイルに見せる目的もあります。

バレエを習っていない人も、ロングヘアの人はシニヨンをつくってみると、首がすっきりするだけでなく、自然と姿勢が真っ直ぐに伸びる感覚が得られると思います。


シニヨンのつくり方はたくさんあります。初心者にも簡単な方法は、まずヘアオイルなどを全体につけてサラサラした感じをなくし、ポニーテールをつくり、結び目に髪をねじりながらくるくる巻きつけたら、シニヨン用のネットを被せ、ヘアピン数本で目立たないように留めます。**なるべく平たくなるように**意識してください。

似たヘアスタイルでおすすめは、夜会巻きです。頭を小さく、首を出したまとめ髪のスタイル。夜会巻きなら、シニヨンと同様の要領で、ヘアゴムもネットもヘアピンも使わずに、シニヨンコームだけでつくれます。

シニヨンのつくり方をアレンジしたり、ヘアアクセサリーをつけたりして、ぜひ日常のお洒落にとり入れてみてください。

男性のバレエダンサーのヘアスタイルは、長さはショートかミディアムで、女性と同様に、崩れないようにジェルでしっかり固めて、すっきりとした印象に仕上げるのが伝統的なスタイルです。レッスンのときも、やはり女性と同様に、顔に髪がかからず、顔の表情や頭の動きなどが見えることが重要です。

ただし男性の場合は、普段のレッスンではしっかりとヘアセットすることはあまりなく、長めの髪の人は結んだりヘアバンドをすることが多いです。

バレエ鑑賞は身も心も調えて

劇場にバレエ鑑賞に行く際は、バレエ

バーレッスン中のバレエダンサー
シニヨン、レオタード、タイツ、バレエシューズ、ポワントはレッスンに欠かせません。
レッスンには、バーを使うバーレッスンと、広いフロアで行うセンターレッスンがあります。

ダンサーのようにすっきりとしたヘアスタイルにするのがおすすめです。

ワックスやジェルをつけて、いつもより上品でシックな雰囲気のヘアスタイルに仕上げてみるのも良いかもしれません。気持ちが引き締まって、ほど良く高揚感を感じられ、非日常感を演出できます。


明治時代の美術思想家である岡倉天心の著書『茶の本』の中に、「偉大な絵画に接するには、王侯に接するごとくせよ」というある大名の言葉があります。**芸術家の発するメッセージを受けとるには、それにふさわしい態度を養うことが必要**なのだそうです。

芸術に気軽に触れることも時には大切ですが、大きな劇場でバレエ鑑賞をするときは、この大名の言葉の通り、ファッションも心もきちんと美しく調えておくのが良いと思います。

よりバレエを感じて、心動かされる優雅なバレエ鑑賞ができるのではないでしょうか。

心 バレエから教わる厳しい世界

どうにもならないこと

バレエでは、美しいことが重要です。

ですから、バレエでは主役に、必ずしも一番踊りが上手なバレエダンサーが選ばれるわけではありません。バレエが上手くても、容姿が美しくなければ、テクニックを必要とされる別の役に配役されるでしょう。

バレエダンサーのテクニックは、もちろん血の滲むようなレッスンを積んできた証です。ところが、高度なテクニックが身についていても、表現力や雰囲気が備わっていない場合もあります。役に選ばれるためには、ジャンプや回転のテクニックが素晴らしいだけではなく、その役らしく見える雰囲気があるかどうかも重要です。

たとえば、貴族の威厳や優雅さ、気の強い活発な性格、強欲な悪党らしさなど、それぞれの役柄を表現できるか、あるいは自然とその雰囲気や性格を醸し出しているかは、配役を考える上で見逃せない要素です。**テクニックと雰囲気が伴ってようやく役の表現に繋がる**からです。

特に、優雅で気品漂う王子様らしい雰囲気、美しい顔に長い手脚と長身を備えたスタイル、素晴らしいバレエのテクニック、三拍子揃っている男性ダンサーは、「ダンスール・ノーブル」とよばれ、バレエに求められるものをすべて持っている理想的な存在として重宝されます。

つまり、バレエの世界で評価されるには、彼らの生まれ持った資質によるところが大いにあるのです。

そのような厳しい現実を幼い頃から目の当たりにすると、どうにもならないことが世の中に存在することを理解していくものです。

立ちはだかるスタイルや容貌の壁

バレエダンサーといえば、〝細くて長くて真っ直ぐに伸びた脚〟を思い浮かべる人は多いでしょう。

もちろん誰でもバレエダンサーを目指すことはできますが、残念ながら、踊りを評価してもらう前に、スタイルや容貌でふるいにかけられてしまう現実があります。


まず、フランス人やロシア人などの西洋人と日本人とでは、骨格が大きく異なります。たとえば、**西洋人は手脚が長く、さらに骨盤が前に倒れているためにお尻の位置が高く上がり、より脚が長く見えます。**

そもそもヨーロッパで生まれ育ち、遺伝的にも骨格的にもヨーロッパ人に合ったバレエを日本人が踊ろうとすることは、かなりの挑戦なのです。


たとえば、ロシアでバレエが発展した理由の1つには、ロシア人の体は柔軟性が高く、スタイルも容貌も美しい人が多く、遺伝的にバレエに合ったポテンシャルを持っていたことがあるそうです。さらに、ヨーロッパ人ダンサーは、バレエの演目に多いヨーロッパが舞台となる物語の登場人物に合った風貌を備えています。

黒い髪と黒い瞳を持つ日本人ダンサーが、その世界観に溶け込むことは容易ではありません。

しかし、そのようなハンディキャップがあっても、世界で活躍する日本人ダンサーが最近は増えています。当人である彼らに話を聞くと、ヨーロッパ人ダンサーのように脚を細く見せるためにお尻を鍛えたり、脚が長く見える動かし方をするための筋肉を鍛えたり、脚を細く長く美しく見せるために努力を惜しまないと言います。

彼らは、ハンディキャップを少しでも埋めるために日々努力しているのです。

自分の限界を知る

私は、楽しいことも嬉しいことも苦しいことも悲しいことも、すべてバレエから学びました。でも、思い返すと、辛いことのほうが多かったように思います。

プロローグでも述べましたが、8歳のときには、ポテンシャルの高い人の踊りを間近に見ながらバレエを踊っていて、自分の才能に限界を感じていました。

同じクラスには、のちにローザンヌ国際バレエコンクールでエスポワール賞を受賞して英国ロイヤル・バレエに入団した子がいましたし、いとこは世界の舞台を目指してロシアのワガノワバレエアカデミーに留学していました。

バレエが大好きだけれど、プロのバレリーナになるほどの才能がないことを、私は幼いながらに自覚していました。

そんな風に思わずに、もっとバレエを楽しんでいたら、もっとうまく踊れるようになったかもしれないとも思いますし、その環境にいたからこそ、今でも世界で活躍するバレエダンサーと交友できているのかもしれないと思ったり、今思い出しても複雑な気持ちになります。

あの8歳のとき、私は生まれて初めて、人生にはどうにもならないことがあるということをはっきりと理解したように思います。

好きなものをぼんやりと求め続ける

私は、才能や環境がどうにもならず、バレエダンサーになる夢を諦めた人たちをたくさん知っています。怪我のために脚が数センチ上がらなくなったり、胸が大きくなったり脚が太くなるなど体型が変わってしまったり……。

大学在学中にけじめをつけて弁護士になり、バレエ団に携わるバレエ専門の弁護士を目指して活動をしている人や、同じく大学在学中にけじめをつけて整形外科の医師になり、バレエダンサー専門外来を設けて診察をしている人もいます。

彼らはバレエダンサーになる夢にけじめをつけた後も、バレエへの情熱を持ち続けていたから、このようなバレエに関わる珍しくて新しいポジションで活躍することになったのです。

かく言う私も、既にバレエから離れてはいたものの、タレント活動と並行して本や雑誌コラムで執筆活動を続けながら、やはりバレエへの情熱は抱き続けていました。その結果、こうしてバレエの本を出版できることになりました。

弁護士になった人も、医師になった人も、私も、バレエダンサーになる夢を諦めて、すぐにお仕事でバレエに関わろうと計画をしたわけではありません。なんとなく、ぼんやりと、バレエのことを想い続け、バレエの世界を求めていたのです。

なんとなく常に頭の片隅に置いて求め続けることが、求める方向へ自分を導いてくれるものなのだと確信しています。

どうにもならない状況に陥り、夢を諦め、絶望の淵にあっても、常にぼんやりと求め続けていれば、またいつか大好きなバレエのお陰で人生の行き先が見える日がやってくる……。これはバレエに限らず、どんなことにもいえるのではないでしょうか。

常に求めるほど好きなものがあるから、自分に軸が通り、どんなことが起ころうとも、柔軟に建設的に対応できる力が身につくのだと思います。バレエの過酷な世界でがんばっていた人が、絶望や葛藤を乗り越えて人生の次のステージで活躍する姿を見るたびに、そう強く感じます。

バレエ鑑賞をしながら、ダンサーたちが夢を叶えるために歩んできた人生や、経験してきたドラマに想いを馳せるだけでも、私たちは大いに刺激を受けるでしょう。

バレエダンサーがバレエに心血を注ぐような、目的が明確な夢の追いかけ方ではなくても、みなさんにはぜひ、好きなものをぼんやりと求め続けてほしいと思います。それが、いつか人生の中で、何かの形で実を結んだり、生きる力になるはずです。

COLUMN

劇場でバレエ鑑賞する素敵な1日

劇場でバレエ鑑賞をする際に、最低限知っておきたいことをまとめました。バレエ鑑賞時の予定を立てるときにチェックしてみてください。

*チケット準備

《公演情報》

各バレエ団は毎年3月に来シーズンの公演プログラムのラインナップを発表します。シーズンとは9月から始まる1年間のことです。公演情報は、バレエ専門の情報誌やWebサイト、バレエ団や劇場の公式サイトなどで確認できます。SNSでバレエ関係者やバレエファンの投稿を探すのもおすすめ。

《バレエ団と演目選び》

スケジュールとバレエ団と演目の条件がマッチした公演を探します。同じ演目でも、バレエ団が違えば解釈や雰囲気が違います。よく知らない演目や新しく創作された演目の場合もあるでしょう。演目内容の事前チェックをおすすめします。特に、子どもなど同伴者のいる場合は、性的描写、人種差別や女性蔑視、ショッキングな演出を伴う死のシーンなどに注意。

《チケット購入》

チケット販売は公演日の数ヶ月前から始まり、変更はできません。上演時間を調べておきましょう。公演は長時間に渡ります。当日券や、子どもや若者を対象とした優待チケット、公演に合わせて組まれたバックステージツアーもある場合があります。

《シート（席）選び》

S席、A席、B席……。同じランクの席でも場所によって舞台の見え方が異なるので、劇場公式サイトで見え方を確認してから席を決めるのをおすすめします。

このとき、演目の内容も再度チェックしてください。良席であっても、楽しみにしているシーンが舞台上のどこで展開されるかによっては見にくいこともあります。また、上階のバルコニー席の場合は、舞台からの距離だけでなく傾斜もあります。舞台から は遠くなりますが、上から見る楽しみもあります。

＊おでかけ準備

《**ファッション**》

ドレスコードはないけれど、きちんとした服装がおすすめ。女性ならワンピースやお着物、男性ならジャケットを着た人をよく見かけます。髪型は後ろの席の人の視界の妨げにならないように、大きく広がるスタイルは避け、香水は控えめに。周りの席の人に配慮した身だしなみとお洒落を心がけて。

《**オペラグラス**》

オペラグラスの使用は好みによります。舞台に近い席でも、バレエダンサーの表情や衣裳などを詳細に見たい人は使います。上階のバルコニー席でしたら持っていると安心かもしれません。

倍率は3倍で充分だと思いますが、衣裳や表情をより細かく見たいなら5倍がおすすめ。

＊劇場でのマナー

《**開演前後と休憩時間**》

入場したら、キャスト表やフライヤーを受けとって、コートや帽子、傘、手荷物などをクロークへ預けましょう。座席を確認したら、大きなお花などの撮影スポットを楽しんだり、プログラムを購入したり、ホワイエで飲み物を飲んだりして開演を待ちます。ホワイエとトイレは混むので注意。

楽屋口の前でのバレエダンサーの入り待ちや出待ちは、係員の指示に従いましょう。

《**拍手**》

幕が下りたら、「素晴らしかった！」「ありがとう！」という気持ちを込めて拍手を送りましょう。基本的には見せ場と幕の終わりで拍手しますが、わからないときは周りに合わせると良いです。「ブラボー！」と叫ぶのも、スタンディングオベーションもカーテンコールも、感動と感謝の表現です。

《**お行儀**》

バッグや紙をガサゴソ、飴の包み紙をカサカサ、荷物を触って音を立てないように細心の注意を払いましょう。そして、着席の姿勢は、前のめりにならず深く座ること。上体をあまり動かさないように気をつけて。そのほか、ルールを確認して守り、気持ち良くバレエを鑑賞しましょう。

エピローグ

子どもの頃、世界で活躍するバレエダンサーへの登竜門の１つであるローザンヌ国際バレエコンクールを毎年テレビで観ていました。ベッシー女史という名物解説者の痛烈な辛口コメントは、今でもバレエファンに語り継がれています。

彼女は、パリ・オペラ座バレエの最高位であるエトワールとして活躍したフランスのバレリーナで、当時はパリ・オペラ座バレエ学校の校長を務めていました。

「脚がもう少し長ければ」「なんてひどい衣裳」など、いくつかの衝撃的なコメントと吹き替えの声は、世界の厳しさの象徴として私の耳に残っています。

世界の厳しさはベッシー女史に学びました。

また、ある年の同コンクールで最優秀賞に輝いたウクライナ人の少年は、世界最高峰のバレエ学校への留学の権利ではなく賞金を選びました。貧しかったために世界の舞台で活躍する道を自ら閉ざしたのです。

ベッシー女史はとても驚いて残念がり、怒っているようだったのを覚えています。

そのとき、ウクライナというソ連の国はとても貧しい国なのだと知りました。私がバレエを通してバレエ以外の学びを得た瞬間でした。

奇しくも、この本の本格的な執筆にとりかかってまもなく、ロシアによるウクライナ侵攻が始まりました。

ロシア軍の標的となった都市オデッサには、ウクライナで最も古いオデッサ歌劇場があります。バレエダンサーをはじめ劇場関係者たちは、ウクライナの美しい芸術を守るため、オペラ歌手が歌い、演奏家が演奏する国歌で鼓舞しながら、たくさんの砂袋をつくり、歴史ある劇場を囲いました。そして、美しいオデッサの劇場や芸術家たち、オデッサの街の風景をSNSで発信し続けました。

今日ロシアバレエとよばれるものは、現在のロシアだけでなくウクライナやジョージアやベラルーシなど、かつてロシアだった周辺国とともに築き上げてきたバレエです。

ロシアはヨーロッパとアジアにまたがる広大な国土を持つ多民族国家で、ノヴゴロド国、ルーシ、モスクワ大公国、帝政ロシア、ソビエト連邦、ロシアと変遷してきました。

多くの国民は長きに渡って、冷酷な独裁者による過酷な生活を強いられてきた悲しい歴史があります。バレエダンサーになることは、そういった環境から逃れ、身を立てる1つの手段でもありました。

ロシア国外に移住するロシアの学者、作家、芸術家たちがウクライナの支援を呼びかける「Настоящая Россия（本当のロシア）」というウェブサイトがあります。その設立者で、世界的に知られる作家・歴史家のボリス・アクーニン氏は、ロシアのウクライナ侵攻の特別番組の中で、日本語でメッセージを送りました。「プーチンのロシアと本当のロシアはまったく違うことだと覚えておいてください。本当のロシアはドストエフスキー、トルストイ、チェーホフの国です。プーチンの国ではありません。明日はプーチンの国はなくなります。本当のロシアは残りますよ。じゃ、ぜひよろしくお願いいたします。本当のロシアを」

ロシアのウクライナ侵攻によって、今後、間違いなくロシアバレエは独自の発展を遂げるでしょう。かつて、ロシア革命の混乱期にあったときと同じように。

1つ、決定的な違いがあるのは、平和を祈る人々がロシアバレエを観る気持ちと機会を失ったこと（今のところ、ロシアのバレエ団の来日公演の予定はありません）。バレエ芸術におけるこの大きな損失は、これから先の時代にどのような影響を及ぼすのでしょうか。戦禍にあってもバレエ芸術への関心を失わないロシアやウクライナの人々と、ヨーロッパ各国の劇場がウクライナのバレエ芸術を積極的に支援する姿に、日本人の私たちは芸術に対する精神性を学び続けることでしょう。

私は、あらゆることをバレエを通して学んできました。

バレエという軸で芸術や文化やあらゆるジャンルに目を向けてみると、たくさんの意外なものに繋がり、新しい発見と驚きをもって知見が広がっていきます。それは品性や教養を磨くフックとなり、バレエは目に見える美しさだけでなく、心の美しさも私に与えてくれたと信じています。

この本が、たくさんの人にとってバレエに気軽に触れる糸口となり、バレエの新しい楽しみ方を提案し、気品と教養を身につける一助となりますように。優雅で美しいバレエに繋がる私の趣味と少しの知識が、みなさんのお役に立てることを祈っています。

白河 理子

巻末付録

もっと知りたい人への詳しいバレエ史

時代	バレエの変遷	バレエの中心地	ヨーロッパ社会の大きな動き
古代			・古代ギリシア 多神教で人間中心の価値観 ・ローマ帝国 キリスト教が誕生し、神様中心の価値観へ ・ゲルマン民族大移動（375年～6世紀） 西ヨーロッパ社会の成立
中世	宮廷舞踊		・十字軍遠征（1096～1270年） 権威は教皇から国王へ ・ルネサンス（14～16世紀） 価値観の中心は神様から人間へ
近世	宮廷バレエ	15世紀イタリアで宮廷バレエの芽生え 16世紀イタリアからフランスへ 17世紀フランスで宮廷バレエ全盛期 18世紀フランス	・大航海時代（15～16世紀） 権威は教皇から大富豪へ ・宗教改革（16世紀） 市民は教会の教えに疑問を抱き始める ・フランス絶対王政（17世紀後半～18世紀初め） 国王が絶対的権力を持つ ・ロシア西欧化政策（17世紀後半～18世紀） 西ヨーロッパ文化をとり入れて近代化を目指す ・フランス革命（1789年勃発） 主権は国王から国民へ ・イギリス産業革命（18世紀後半） 農業社会から工業社会へ
近代	ロマンティックバレエ	19世紀前半フランス	・ウィーン体制（1815～1848年） ヨーロッパを絶対王政に戻した政治体制
	クラシックバレエ	19世紀後半ロシア	・パリ条約（1856年） 西ヨーロッパの国々が ロシアの南下政策を阻止した講和条約
現代	バレエ・リュスの成功 世界へ広がる 日本のバレエの始まり	20世紀初め フランスから世界へ	・ロシア革命（1917年） 帝政から社会主義へ ・冷戦（1945～1989年） アメリカ（西側の資本主義国）と ソ連（東側の社会主義国）の対立

巻末付録

本書に登場するバレエの演目

（上から、英語、フランス語、ロシア語）

Part2

1　眠れる森の美女

Sleeping Beauty
La Belle au bois dormant
Спящая красавица

2　ジゼル

Gisele
Gisèle
Жизель

3　せむしの仔馬

Little Humpbacked Horse
Le Petit Cheval Bossu
Конёк-Горбунок

4　ジュエルズ

Jewels
Joyaux
Драгоценности

Part4

1　椿姫

Lady of the Camelias
La Dame aux camélias
Дама с камелиями

2　白鳥の湖

Swan Lake
Le lac des cygnes
Лебединое озеро

3　パキータ

Paquita
Paquita
Пахита

4　海賊

（英語の表記なし）
Le Corsaire
Корсар

Part6

1　マノン

Manon
Manon
Манон

2　牝鹿

（英語の表記なし）
Les Biches
Лани

3　ラ・シルフィード

（英語の表記なし）
La Sylphide
Сильфида

4　くるみ割り人形

Nutcracker
Casse-Noisette
Щелкунчик

白河理子

しらかわ・りこ

タレント、作家。1980年東京生まれ。慶應義塾大学大学院政策・メディア研究科修士課程修了。1999年にデビューし、バラエティ番組を中心にお嬢様タレントとして活動しながら、2005年から様々な雑誌でコラム連載も始める。西洋の貴族文化、特にバレエ・ジュエリー・ロココ芸術に造詣が深い。

著書に『女子大ガール～秘密の花園で、女子大生は何を学ぶのか～』(駒草出版)がある。

Instagram：@rima_saito ／X：@shirakawarico

装幀・本文デザイン ♦ アルビレオ

イラスト ♦ mashu

撮影 ♦ 山口直也（スタジオ☆ディーバ）

ヘアメイク ♦ 横溝幸子（スタジオ☆ディーバ）

気品が身につき 人生が楽しくなる

教養としてのバレエ

2024年7月17日 第1刷発行

著　者　白河 理子

発行者　徳留 慶太郎

発行所　株式会社すばる舎

〒170-0013 東京都豊島区東池袋3-9-7 東池袋織本ビル

TEL 03-3981-8651（代表）　03-3981-0767（営業部直通）

FAX 03-3981-8638

URL https://www.subarusya.jp/

印　刷　株式会社 光邦

落丁・乱丁本はおとり替えいたします

ISBN978-4-7991-1245-8